Achim Schwarze

256 Männer-Typen

Wie sie balzen, kämpfen, lieben und bezahlen

Illustriert von Bofinger

Eichborn Verlag

In Sachen Humorberatung wieder mal wacker tätig: Norbert Troche.

CIP-Titelaufnahme der Deutschen Bibliothek

Schwarze, Achim:
[Zweihundertsechsundfünfzig Männer-Typen]
256 Männer-Typen : wie sie balzen, kämpfen, lieben und bezahlen / Achim Schwarze. Ill. von Bofinger. – Frankfurt am Main : Eichborn, 1990
ISBN 3-8218-2188-4

Umschlaggestaltung: Uwe Gruhle unter Verwendung einer Illustration von Bofinger.
Gesamtherstellung: Fuldaer Verlagsanstalt.
ISBN 3-8218-2188-4

Verlagsverzeichnis schickt gern:
Eichbornborn Verlag, Hanauer Landstr. 175, D-6000 Frankfurt 1

INHALT

EINLEITUNG

Noch nie seit der Erfindung des Mannes war es so schwierig, sich in der unübersichtlichen Vielzahl männlicher Archetypen und Bekenntnisse zurechtzufinden. Und verstehen kann sie erst recht niemand – sie selbst eingeschlossen.

Dabei wäre es außerordentlich nützlich, jeden Mann sofort als diesen oder jenen Typ identifizieren zu können:

- Die Frau erspart sich so manchen Fehlgriff, wenn sie gleich weiß, wen sie eigentlich will und wen sie – leider – vor sich hat.
- Der Mann freut sich über das Ende seiner Identitätsdauerkrise und – noch wichtiger – kapiert endlich, wie die Konkurrenz funktioniert.

Mit diesem Buch liegt endlich eine vollständige Liste der 256[1] erforschten Männertypen unserer Region vor.

Ich habe aus Platzgründen weitgehend darauf verzichtet, in langen Listen das typische Aussehen, Kleidung, Einrichtungsgegenstände und Lieblingsfilme der Typen aufzuführen. Darunter leidet die wissenschaftliche Vollständigkeit des Werkes etwas. Andererseits gibt es schon genügend langweilige Bücher, die Ihnen zum 104ten mal eröffnen, daß der **Hippie**, Typ 150, lange Haare auf dem Kopf trägt, der **Macho**, Typ 4, aber auf der Brust. Mir ging es um die Einstellungen der Männertypen, also die Ursachen für Frisur und Verhalten.

***

Es fällt auf, daß in diesem Buch kein Mann besonders gut wegkommt. Das liegt nicht am Autor, sondern an den Männern. Sie haben sich traditionell und schon immer von allen Geschlechtern am unbeliebtesten gemacht. Warum eigentlich? Steckt da ein Vorsatz dahinter, der vielleicht sogar böswillig ist?

Nein, der Mann spielt seine Männerrolle ohne schlechte Absicht, ihm fällt es nur nicht auf, daß er so ist, wie er ist, also schlimm – er findet sich okay, spätestens, wenn er sich mit anderen Männern vergleicht, und das tut er dau-

---

1 Dem Fachmann fällt auf, daß es sich um genau 2^8 verschiedene Männer handelt – eine Anzahl, die sich besonders gut zur Elektronischen Männerverarbeitung eignet, ja Standard ist (ein Byte pro Mann).

ernd. Er handelt also nur grob fahrlässig, wenn er feststellt und sich darauf beruft, daß es immer noch Schlimmere gibt.

Hier sind wir schon bei einem weiteren interessanten Phänomen der Männerwelt: Für den Mann ist immer der andere Mann die ganz große Niete, vor der er alle Frauen unermüdlich warnt, um sich ihnen als Ersatzmann anzudienen – außer bei den Damen, die die Niete verdient haben, für die sie sich entschieden haben, z.B. weil sie scharf aussehen, ihn aber hatten abblitzen lassen.

Aber lesen Sie selbst über Männergattungen, Männertypen und ihre Subtypen...

I. DER MANN ALS SOLCHER

Der **Mann als solcher** unterscheidet sich von der Frau schon durch seine primären Geschlechtsmerkmale: ungespülte Geschirrberge aus drei Jahrhunderten und Fachmagazine für Leser ab 18. Dazu kommt sein im Mittelteil von wochenlangem (Teller-)Abwischen versteiftes Handtuch und seine schmutzabweisende Unterwäsche, die er nur dann wechseln muß, wenn im betreffenden Monat Paarung droht.

Denn allein ihre Rücksicht auf Frauen läßt uns gelegentlich Männer erblicken, die sich wider ihre eigentliche Natur verhalten, also fast schon zivilisiert. Doch sogar sie finden jede Maßnahme jenseits der Katzenwäsche gefährlich, auch weil dann immer soviel Haut abpellt.

Gäbe es nur Männer, so würden sie alle auf jenem Fußboden leben, den sie jetzt nur zur Ablage von Kleidung, Krümeln und improvisierten Aschenbechern benutzen. Sie wären ständig unter sich, könnten sich also die entsprechenden Witze und Abenteuer erzählen, während sie Männer-Nahrung zu sich nehmen – also alles, was man ohne Zubereitung auch beim Autofahren runterschlingen kann[1].

So wären sie nie auf jene teuflischen Gerätschaften angewiesen, die von der Frau erfunden und von der feministischen Archäologie seit langem als Indizien für das Entstehen von Zivilisation ausgegeben werden: Geschirr – diese widerliche Art von Tonerdeverschwendung, die man im Sommer im Kühlschrank lagern muß, damit die Maden auf den Essensresten so lange keine Chance haben, bis jeder Teller, jede Tasse des Männerhaushaltes benutzt ist und es sich lohnt, Wasser Zeit und Pril zu vergeuden. Oder einen vierten Müllbeutel zu füllen, der mit den anderen dreien übernächste Woche rausgebracht wird.

Der **Mann als solcher** lebt nicht, um aufzuräumen oder sauberzumachen. Auch am Herd fühlt er sich nicht wohl. Diese Fachbereiche überläßt er kampflos der Frau. Nein, er verlangt nicht von ihr, daß ihr Frühjahrsputz oder Kochen Freude machen. Aber wenn sie ihr Freude machen ... – **er** jedenfalls kann wunderbar auch ohne die Früchte dieser Arbeiten auskommen, siehe oben.

1 Detaillierter gesprochen: alles mit einem Zucker- oder Branntweingehalt über 25 % und alles, was mit Ketchup besser schmeckt. Besonders lobend seien erwähnt: Haribo-Konfekt, Cola, Pommes, Burger, Lila Pause, Bi-Fi.

Die Stärken des Mannes liegen auf anderen Gebieten, nämlich auf den wirklich wichtigen. Die Schönen Künste, die Wissenschaften, Literatur, das Grundgesetz, Aquaristik, Philosophie, Sex und Rückwärtseinparken gäbe es nicht ohne den Mann! Ihm geht es um das Wesentliche, das Eigentliche, nicht um Dekoration. Nennen wir es ruhig »Kreativität«, wie er sich neue Probleme ausdenkt und schafft, um neue Lösungen suchen zu müssen und dabei seinen besonderen Sinn fürs Komplizierte anwenden zu können – er spricht von »Abkürzungen«, auch wenn die Zeit für ihre Würdigung nicht immer reif genug sein mag. Kurz: Der Mann ist nicht mehr wegzudenken aus unserer Welt.

Gern mißt er sich im oft fairen Wettstreit mit anderen Großen Männern der Geschichte oder des Bekanntenkreises – ja, eine gewisse Konkurrenz erst spornt ihn zur wirklichen Höchstleistung an, zumal vor Publikum, und glücklicherweise sind es die zwei schönsten Dinge in der Männerwelt, die ihm als Lorbeer winken: Geld, schnelle Autos und scharfe Frauen[1].

Dabei leidet er ständig unter dem Gefühl, nicht verstanden zu werden, was ihn zu besonders langen Erklärungen und dem Versuch verführt, andere zu überzeugen. Bei Frauen gelingt ihm dies nie, bei Männern vor allem dann, wenn sie sich für einen baugleichen Wagen entschieden haben.

Macht nichts. Mit der Einsamkeit lebt der Mann schon lange, seit Generationen, und nur dieses Training ermöglicht es ihm, im Büro oder unter einem anderen totalitären Regime als innerer Emigrant das Geld zu verdienen, das er zum Bezahlen seiner Schulden braucht. Denn teuer kommt es ihn immer zu stehen, daß er **eigentlich** nichts anderes will, als seinen Samen möglichst allen Frauen zu schenken, die jemals für Nacktfotos bezahlt wurden, um so den Fortbestand des Männergeschlechts zu sichern.

Dieser unersättliche Trieb, unter dem er fast so sehr leidet wie seine Umwelt, funktioniert aber nur in der Theorie so diskriminierend. In der Praxis macht er auch die Sorte Frau glücklich, von der höchstens ihr Mann ein Nackfoto anfertigen will, und zwar weil sie »Persönlichkeit« hat – **nur** Persönlichkeit, und eine empfindliche zudem.

Aber sie ist nicht doof. Daher sucht sie in seinem Verhalten nach Beweisen für die vielen eidesstattlichen Versicherungen, die er ihr nach Abdunkelung des Schlafraumes ins Ohr schwört. Und sie weiß: Ein Mann, der sich keine versauten Fotos von seiner Liebsten wünscht, hat sie nur genommen, weil er nichts besseres finden konnte in der Kürze der Zeit. Was übrigens daran liegt, daß der schlechte Geschmack unter Frauen ungeheuer verbreitet ist. Also

1 Von manchen Männern werden scharfe Hunde bevorzugt.

bittet er sie trotz allem, bitte recht verführerisch in die Kamera zu schauen, oder irgendwie anders, wenn sie das nicht kann.

Frauen besitzen leider nur selten genügend Intelligenz, um die menschlichen Qualitäten eines Mannes zu sehen oder – ja, auch hier überschätzen sie sich hochhaushoch – zu erspüren. Daher sieht sich der Mann gezwungen, gegen sein Gewissen ein wenig Reklame für sich zu machen – also auch die Frau sozusagen ins Glück zu locken, die ihn, hätte er sich nicht verstellt, zum Kotzen gefunden hätte.

Also macht er bewährte Komplimente, lügt, schleimt, schmeichelt. Auch die Uhr **muß** nicht so teuer gewesen sein, wie auf dem Preisschild angegeben. Und das Flunkern ist ja auch nur übergangsweise gedacht. Hat er das Weibchen rumgekriegt, »das ist jetzt die Numero ... circa ...«, bekommt sie die Wahrheit noch früh genug zu spüren und liebt ihn um so mehr, weil er sich soviel Mühe für sie gegeben hat.

II. AUSNAHMEN

Alle Männer sind gleich! So sehen es Frauen. Und jede **Ausnahme** bestätigt ihnen diese Regel gern: »Alle gleich, ja, das sind sie. Nur **ich** bin anders.« Und daher die so besonders gute Wahl . . .

1. Der Ich-passe-in-keine-Schublade-Typ

Alle Männer.

2. Der Unkonventionelle und Lockere Typ

Offen und flexibel – offen für andere Frauen, flexibel genug, um sich alles zu verzeihen. Hinzu tritt eine gewisse Gedächtnisschwäche, besonders was konventionelle Versprechungen und Schwüre betrifft, sofern diese von ihm geleistet werden mußten. Aber immerhin: Er entschuldigt sich auch gern.

3. Der Tolerante Typ

Wie der Name schon sagt, zeichnet sich dieser Mann durch das Höchstmaß an Toleranz aus, das er seiner Frau abverlangt.

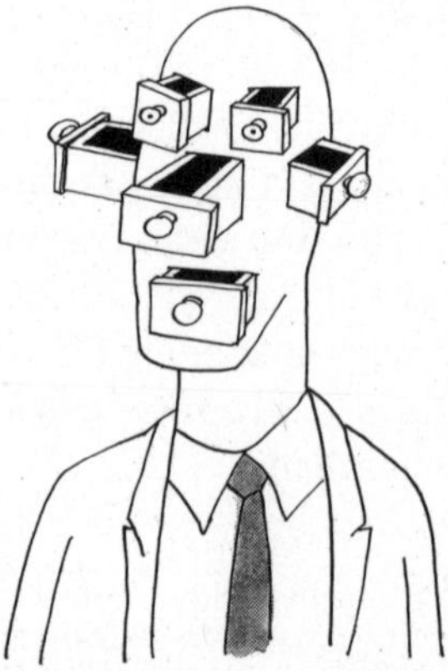

Der Ich-passe-in-keine-Schublade-Typ

III. RICHTIGE MÄNNER

Seit Jahrhunderten beneiden unsere größten Philosophen das Tier um seine Natürlichkeit. Der **Richtige Mann** hat keinen Grund dazu, obwohl ihn vom Affen der Bundespersonalausweis unterscheidet. Natürlich würde auch kein Affe die harten Sachen vertragen, mit denen der **Richtige Mann** seinen Flüssigkeitsbedarf deckt.

4. Der Macho

Wenn er die Geschlechterrollen verteilt, beruft sich der **Macho** auf den Plan der Natur: Der Mann kämpft, denkt, befruchtet – die Frau läßt sich nehmen, beschützen, kommandieren. Und natürlich befruchten. Als Abiturient nennt er diese Urwahrheit »Evolution«, als Hauptschüler »Gottes Willen«.

Die natürliche Überlegenheit des Mannes in allen wesentlichen Dingen des Lebens ist jedem Mann sattsam bekannt. Und doch ist der **Macho** der einzige, der sie auch in gemischter Gesellschaft nicht aus purer Geilheit leugnet. Er bekennt sich mannhaft und stolz zum männlichen Stolz. Außerdem gesteht er den Frauen deren Überlegenheit auf vielen hochwichtigen Fachgebieten durchaus zu: Nur **sie** können aus seinem Samen Söhne formen, und auch in Sachen Küche und Saubermachen will er nicht mit ihnen zu konkurrieren versuchen. Wenn doch, läßt er sie galant gewinnen.

Die Frau, die den **Macho** verschmäht, ist selbst schuld und zeigt, sofern sich ihre Opposition nicht doch nur – wie von ihm längst vermutet – als raffinierter Teil ihrer weiblichen Verführungskunst herausstellt, nichts weniger als schlechten Geschmack. Wer ihn nicht will, hat es nicht besser verdient. Und **er** findet jederzeit für jeden seiner elf Finger zwei andere gleichzeitig.

Ohne Frage weiß dieser Mann um seine Unwiderstehlichkeit und zeigt sie auch (offenes Hemd, enge Hose). Aber viele Frauen bemühen sich doch, ihm zu beweisen, daß sie ohne ihn leben können. Daß sich dieser Vorsatz bald zerschlägt, dürfte an der schönen Lederjacke[1] des **Machos** liegen, die er unter absolut keinen Umständen auszieht.

1 Die mit den praktischen Taschen in Brusthöhe – zum Vergraben der Pranken unschlagbar gut geeignet, wenn seine Greifwerkzeuge gerade mal nicht mit dem Tragen einer Zigarette und eines hochprozentigen Getränkes in Glas oder Dose beschäftigt sind.

Doch muß dem Vorurteil entgegengetreten werden, er könne nur mit Mausis und Bambis, die ihn anhimmeln. Im Gegenteil! Der **Macho** wünscht sich eine selbstsichere, ja mutige Frau, gerade was kurze Röcke, enge und durchsichtige Kleidung betrifft. Auch emanzipiert darf sie dann sein, da freut er sich doppelt aufs Zureiten.

Hat er eine Frau erst mal erobert und sie gelehrt, wie unvorstellbar glücklich man in den richtigen Armen sein kann, dann verteidigt er diesen seinen Besitzstand, aufs allerritterlichste, gegen andere Männer und auch gegen das Weibchen selbst, falls es sich zwischendurch einmal irrtümlich von ihm abwenden wollen sollte. Wie Franz Beckenbauer so treffend sagte: »Der schwierigste Gegner, das sind wir selbst.«

Und doch läßt er der partnerschaftlichen Neugier viel Spielraum. Nach Großwildjagd, Mutproben, Krieg, Verbrechen, Kampf, Seitensprung oder Nachtschicht bei der Polizei kehrt der **Macho** zurück zu seiner Liebsten und interessiert sich für deren Erlebnisse während seiner Abwesenheit, und auch seine stündlichen Anrufe – aus Liebe! – müssen doch nichts mit Kontrolle oder Eifersucht zu tun haben.

Danach zeigt er ihr ein paar neue Stellungen auf dem Fell eines selbst erwürgten Eisbären. Während der Zigarette danach – und wir reden hier vom fünften Danach, weil auch er mal ein Formtief haben darf – offenbart sich seine zutiefst menschliche Seite, bis man fast glaubt, man habe einen Menschen vor sich. Ja, der **Macho** ist eben nicht der großmäulige Grobian, als der er so oft erscheint, sondern tief im Innern empfindsam, kompliziert und empfindlich – vor allem Widerworte bringen ihn in Rage. Wenn sein Weibchen jetzt noch sagt: »Ja, bitte tu mir weh, ich hab's verdient!«, so sprechen wir von einer glücklichen Beziehung.

5. Der Aufgeklärte Macho

Nun gibt es längst nicht mehr nur den klassischen **Macho**, Typ 4, jene Sorte des haarigen Primaten mit IQ-Problemen, der sich beim Sprechen ständig zwischen die Oberschenkel faßt, um den Sitz seines Denkens zu korrigieren. Dieser Typ will kritiklos als Boß verstanden werden und seine Frau erniedrigen, weil er sich ganz tief drinnen als unterlegener Schwächling fühlt, auch zentimetermäßig. Der **Aufgeklärte Macho** hingegen erwartet von ihr, daß sie ihm nachgibt, weil er sie überzeugt hat und sie ihre Unterlegenheit begreift. Seine Frau muß also intelligent genug zur Demut sein.

6. Der Verkappte Macho im Softie-Pelz

Schon bald entdeckt die aufmerksame Frau, was in Wirklichkeit hinter der liebenswerten Maske dieses auf den ersten Blick netten, verständnisvollen, zärtlichen, einfühlsamen, modernen und fairen Mannes vor sich geht: Er strotzt nur so vor – und manchmal weiß er tatsächlich nichts davon! – alltäglichem Faschismus, den er aber erst rausläßt, nachdem er sein unbedarftes Opfer eingewickelt hat. Von wegen Partnerschaft! Er will nur das eine: Macht über die Frau! Im Bett, beim Fernsehen, in der Bürgerinitiative. Dahinter stecken Motive wie allgemeiner Frauenhaß, spezieller Frauenhaß, latenter Frauenhaß und unentdeckter Frauenhaß. Manchmal allerdings auch unterdrückter Frauenhaß. Entstanden wahrscheinlich aus Selbsthaß. Oder Frauenhaß. Oder einer Mischung aus beidem: der verkappten Homosexualität.

7. Der Pantoffelheld

Deckungsidentisch mit dem **Macho**, Typ 4 – solange seine Frau nicht dabei ist. Doch auch zu Hause verläßt ihn der Heldenmut des Widerstandskämpfers nie ganz. Sein Lebensbereich ist von einem dichten Netz von Verstecken überzogen, Zentraldepots für Heftchen z.B. finden wir in seinem Zimmer (er nennt es »mein Reich«), im Auto und – für die besonders sammelwürdigen – im Büro.

Die Partnerin erzieht den **Pantoffelhelden** mit dem Nudelholz und sorgt dafür, daß er in gemeinsamen Rechtsgeschäften nicht zeichnungsberechtigt ist. Die Hürde des Entmündigungsverfahrens schafft sie allerdings nicht immer.

8. Der Halbweltler

An sich ist der **Halbweltler** ein guter Kerl, der unter der Fassade von Kampfsport, Kampfhund und Kampftrinken am liebsten eine bürgerliche Existenz führen würde – nur: Welche Frau will sie mit ihm teilen, die nicht selbst in der Gosse zu Hause ist und daher nicht genau weiß, wie (und warum!) das Bürgerliche eigentlich funktioniert? Verraten wir's ihm? Also: Bürgerliches Leben ist, wenn eine Frau Geld kostet, anstatt Geld zu bringen. Und: **eine** Frau!

Schon von daher haut die Sache nicht hin, denn sein Geldbedarf ist hoch und der Arbeitseifer eng auf Geschäfte begrenzt, die man nachts aus der rollenden Corvette heraus telefonisch erledigen kann. Nachtleben muß sein, denn der **Halbweltler** ist besonders lichtempfindlich, weshalb er auch im Dunkeln eine Sonnenbrille tragen muß, zumal wenn sie kleidsam ist.

Ein solcher Mann fühlt sich zu Höherem berufen, zum Maklerberuf beispielsweise, aber auch eine Disko auf Ibiza würde er in eine Goldgrube verwandeln. Lieber Costa Brava? Costa quanta? Wir haben's ja. Ehrenwort, die Scheine in der Rolle sind alle echt! Er verwendet den äußeren am liebsten, im Gegensatz zu den andersfarbigen mit den kleineren Nennwerten weiter innen. »Können Sie den wechseln?« Natürlich nicht. »Scheißladen!«

9. Der Unterweltler / der Dunkelmann

Dieses Opfer der gesellschaftlichen Verhältnisse wurde zu seinem aufreibenden Beruf gezwungen: Man gab ihm keine faire Chance, anders ohne Arbeit viel Geld zu verdienen. Und wenn der Rechtsweg zum Jackpot ausgeschlossen ist, muß ein anderer Weg gefunden werden. Welcher genau? Nur selten kann er die aufregenden Geschichten von seiner persönlichen Art des Lastenausgleichs erzählen, denn meist hält er sich in einer Schulungsstätte der Erwachsenenbildung auf, wo man ihn hingeschickt hat, um das wenige zu lernen, was er noch nicht kann: in die Justizvollzugsanstalt, meist auf dem mindestens dritten Bildungsweg.

Unangenehmerweise darf sich seine Frau in dieser Zeit keinen anderen Mann anlachen (es sein denn einen viel besser bewaffneten), denn der **Unterweltler** kommt demnächst wieder raus ... – viel zu früh, und damit genau richtig, um das Ganz Große Ding in Angriff zu nehmen, nach dem man sich zur Ruhe setzen kann. Genauso wie beim vorletzten Mal, als der **Unterweltler** auch einem Justizirrtum zum Opfer gefallen war.

10. Der Schläger

Es gibt Situationen, da reicht die Sprache nicht aus, um die Wahrheit angemessen vorzutragen, besonders begriffsstutzigen Frauen gegenüber. Schwimmt sie in Blut und Tränen, so sagt er milde: »Entschuldige, aber das war bestimmt das letzte Mal!« Es liegt ganz an ihr. Er hatte sie nur verdroschen, weil »ich dich so wahnsinnig liebhabe!«, und außerdem differenziert der friedliebende **Schläger** sehr genau, ob jemand ihn provoziert oder seine Tracht aus anderen Gründen verdient hat.

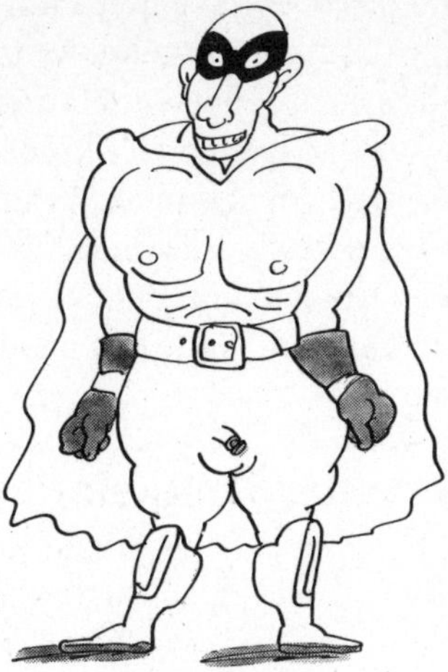

Der Supermann

11. Der Supermann

Der gut gebaute **Supermann** arbeitet in einem Büro; kein besonders aufregender Job. Aber in den offiziellen Büropausen zieht es ihn aufs WC, wo er sich kurz umzieht, und dann schwärmt er, toll kostümiert, zum Weltrettungseinsatz aus – direkt zum Klofenster hinaus in die böse Realität. Das macht die Partnerin stolz, aber leider kann man nur hinter vorgehaltener Hand mit ihm prahlen, weil seine Identität ja geheim bleiben muß, vor allem weiblichen Singles gegenüber.

Zweite unschlagbare Eigenschaft: Der **Supermann** macht liebe Komplimente und verwöhnt seine Prinzessin, wie es nur einer kann, der das irgendwo studiert hat. Andererseits erniedrigt er seine Frau auch – auf ihren Wunsch. Und speziell diesen liest er ihr von den Augen ab.

12. Der Surviver

Ob als Sushi oder in leichter Soße – niemand kennt so viele Rezepte zur leckeren Zubereitung des Regenwurms wie der **Surviver**, der auch sonst nie auf die Hilfe eines anderen Menschen angewiesen ist. Für jeden Ernst- oder

Extremfall besitzt er nämlich die passenden Spezialaussrüstungen. Auf regelmäßigen Spritztouren durch Arktis, Etoscha-Pfanne oder Garmisch trainiert er den Umgang mit ihnen und härtet sich bei der Gelegenheit systematisch ab gegen Schmerz, Kälte, Hunger, Durst, Aids, Frauenmangel etc.

Gerade bürgerliche Erfolgsexistenzen klinken sich gern mal für zwei Wochen aus der Tretmühle aus und lassen sich, bis auf eine Kombizange nackt, über dem Amazonasdelta abwerfen. Als Ehefrau hat man also die Chance, daß der Quälgeist nicht zurückkommt und nach ein paar kargen Jahren endlich für tot erklärt wird – die Allianz überweist, während der **Surviver** inzwischen glücklich zwischen Schlangen, Moskitos, Piranhas und Wilden lebt, wo er sich seinen Lebensunterhalt mit dem Blasrohr und der Reparatur von Farbfernsehempfangsgeräten verdient.

13. Der Zocker

Der **Zocker** ist ein religiöser Mensch, denn er besitzt einen Glauben, den er auch nicht verliert, wenn er ständig verliert. So funktioniert Religion immer: Die Belohnung wird für genau den Moment versprochen, an dem es einem nicht mehr auf sie ankommt.

Weil er leider gierig ist, gewinnt er nie und muß endlos weiterspielen, um die Verluste ausgleichen zu können. Er geht davon aus, daß das Schicksal irgendwann ein schlechtes Gewissen ihm gegenüber entwickeln wird.

Jedenfalls gibt es ein Schicksal, und der Zocker beeinflußt dies durch dieselbe metaphysische Willenskraft, mit der Uri Geller Besteck verbiegt. Sollte sich das Schicksal einmal nicht manipulieren lassen, so besitzt der **Zocker** immerhin ein eingebautes Meßgerät, das ausschlägt, wenn eine Glücksader seinen steinigen Lebensweg kreuzt. Allerdings ist die Glücksadermeldung ein so kompliziertes Gefühl, das zudem von so vielen Faktoren wie Streustrahlung, Brummen und Rauschen auch im technischen, nicht nur im alkoholischen Sinne begleitet ist, daß es immer wieder zu Fehlmessungen kommt.

Also: Verloren. Pleite. Schuldschein. Wechsel. Macht nichts, denn morgen ist auch noch ein Tag mit 36 Stunden im durchgeschwitzten Hemd von letzter Woche – man ist schließlich unter Männern. Wer Cowboystiefel trägt, braucht ohnehin weniger Schlaf als all die anderen, die auch nicht mehr Amphetamin[1] nehmen als er.

---

1 Die Spielleidenschaft gilt inzwischen als Suchterkrankung wie andere auch, und damit als therapierbar. Heroinabhängige bekommen Methadon. Aber warum ist noch keiner auf die Idee gekommen, dem **Zocker** jeden Monat einen dicken Batzen Spielgeld auszuzahlen, mit dem er am Monopoly-Tisch sein Glück suchen kann?

Die Züge des **Zockers** bleiben unbewegt. Immer. Tatsache. Man kann in seinem Gesicht so gut wie nichts ablesen, außer den olympischen Ringen unter den Augen. Er stiert stumpf und abwesend vor sich hin, ganz wie Dirty Harry. Das gefällt Frauen, die von Maskenschneidern ohnehin nichts halten und aus einer Leidenschaft für die Überraschung heraus nicht wissen wollen, ob sie gleich eine geschmiert kriegen oder erst später – aber auch dann aus heiterem Himmel.

So schön das Leben mit dem **Zocker** sein mag: Halten Sie sein Taschengeld knapp und lassen Sie sich nicht anpumpen! Für einen Kredit tut er alles. Er erfindet ergreifende Geschichten um die Zentralperson der kranken Großmutter herum oder hält Schmeichelreden von bis zu vier zusammenhängenden Sätzen Umfang. Warten Sie nicht, bis er auf Drohungen verfällt.

An seinem letzten Lebenstag schließt der **Zocker** Freundschaft mit Börsianern, die auch unter dem Gedränge auf dem Fenstersims leiden. Nach dem Sprung hinterläßt er nichts Brauchbares, denn seine Stiefel behält er an, sie versauen beim Aufprall.

14. Der Pascha

Gern tarnt er sich als Partner, aber dann erklärt er Ihnen doch gespreizt, was er alles verlangen kann, solange Sie Ihre Beine unter seinen Tisch stecken, möglichst gespreizt. Er jedenfalls geht arbeiten und verdient das Geld, und da ist es doch nur recht und billig, daß Sie, wenn er Feierabend hat, ein bißchen was zu essen vorbereitet haben und sich um seine allgemeine Entspannung bemühen, während er essend und mit gespreizten Beinen an seinem Tisch sitzt und Sie darunter.

Das bißchen Haushalt, und – gut, sie nerven, aber wer hat sie denn erst gewollt und dann verzogen? – die Kinder: Er könnte Ihnen vorführen, wie man das alles, wenn man nur eine Idee Grips einsetzt, den man freilich erstmal besitzen muß, mit links oder einem vergleichbaren Aufwand ruckzuck und trotzdem picobello erledigen könnte.

Außerdem stimmt es gar nicht, daß er sich von Ihnen bedienen läßt. Erst neulich hat er Ihnen geholfen. Und Mittwoch letzter Woche hat er mal danke gesagt. Was wollen Sie eigentlich?

15. Der Tyrann

Er, und **nur** er, darf die Fernbedienung bedienen. Und das kann er perfekt, denn er weiß dank jahrelanger Übung ganz genau, in welchem Moment er auf einen anderen Kanal springen muß, weil seine Frau gerade etwas interessant zu finden beginnt. Darüberhinaus hat dieser kreative Mann viele gute Ideen, wo anderen immer nur dieselben faden Strafen einfallen.

IV. JUNGGESELLEN

Alle Männer sind **Junggesellen**. Alle! Sie sind unabhängig und nur pro forma mit dieser einen, wie heißt sie noch, verheiratet. Doch, liebe Kim Basinger, jeder Mann ist noch zu haben, wenn Sie ihn wirklich wollen . . .

16. Der Eingefleischte Junggeselle

Jeder Mann braucht eine Putzfrau, aber nicht jeder geht deswegen gleich zum Standesamt. Der **Eingefleischte Junggeselle** schaut die entsprechenden Kleinanzeigen durch, zahlt 12 DM die Stunde und fragt sich: Wenn man sowieso eine Putzfrau hat, warum sollte man dann noch heiraten? Um sich von einer Zweitputzfrau Vorschriften machen zu lassen? Um sie sein Geld aus dem Fenster werfen zu sehen? Um sich von ihr Kinder anhängen zu lassen? Um irgendwann mal am Telefon zu hören: »Wenn du mich für dieses Drecksstück Kim Basinger verläßt, dann bring ich mich um!« oder – viel schlimmer noch – nicht, sondern ab zum Anwalt, halbe-halbe, obwohl wer doch immer hart geschuftet und sie faul im Häuschen rumgehangen hatte? – und jetzt auch noch Unterhalt verlangen! Etc. etc.

Nein, der **Eingefleischte Junggeselle** weigert sich, sich sein Leben schon versauen zu lassen, bevor er aufgrund von Gebrechlichkeit auf Personal angewiesen ist, das er von seinen Ersparnissen und der laufenden Frührente nicht bezahlen könnte. Übrigens: Er wohnt nicht bei Ihnen, nur weil er sich seit drei Jahren 24 Stunden des Tages in Ihrer Wohnung aufhält. Er hat nur gerade keine eigene. Vorübergehend.

17. Der Verheiratete Junggeselle

Die Vermählung trifft ihn schmerzlich, aber es gelingt ihm doch, sie im richtigen Moment zu vergessen, also dauernd. Allerdings nicht an Hochzeitstagen, weil er seine Frau, diesen schlafenden Hund, nicht wecken will. Auch missen möchte er sie nicht, weil man bei der Anmache von Teenagern doch viel lockerer ist, wenn man weiß, daß einen ein Korb nicht jucken würde. Kaum sitzt er allein in seinem sportiven Fahrzeug, ersetzt er den Ehering durch einen aufwendigeren Herrenring mit Stein und Wappen.

18. Der Illusionslose Realist

»Wenn wir mal ganz ehrlich sein wollen«, dann ... – bitte seien wir nicht ganz ehrlich, nur heute, ausnahmsweise, okay? Wir wissen nämlich längst, daß alles eigentlich keinen Sinn hat, am allerwenigsten der Haufen Lügen und Kitsch, den Frauen als »Liebe« bezeichnen und daher verlangen. Der **Illusionslose Realist** verzichtet auf die Frau, weil er ihre Naivität nicht ertragen könnte. Die berechnenden Frauen gar nicht mitgezählt, die in Torschlußpanik einen Dummen suchen, weil sie nie wieder arbeiten wollen und demnächst auseinandergehen, körperlich.

19. Der Sterilisierte

Wenn ein Mann sterilisiert ist, laufen ihm die Frauen scharenweise nach, weil sie es toll finden, daß sie die Pille nicht nehmen müssen und trotzdem angstfrei die Freuden auch der körperlichen Liebe genießen können. So hat es sich der **Sterilisierte** ausgemalt und sich auf den OP-Tisch gelegt. Es kam anders: Selbst die ganz besonders Emanzipierten waren nicht etwa dankbar für sein Angebot der reuelosen Paarung. Plötzlich fanden sie ihn kinderfeindlich, und wer keine Kinder mag, mag auch keine Pandas oder Frauen. Pech, hat alles nichts genützt. Außerdem haben die Emanzen dann ja Aids erfunden – oder war das die CIA? Oder arbeiten Emanzen für die CIA?

20. Der Einzelgänger / der Wunderling

Natürlich ist es seine freie Entscheidung, daß keine ihn will! Bitte! – Gut. – Dann eben nicht! – Sollen sie ihn eben verschroben finden. Ist ihm doch schnuppe. Wir leben ja in einer freien Gesellschaft, in der sogar Frauen wählen dürfen. Stimmt. Und die verstehen so manchen Spaß, aber irgendwo ist auch der flauschigste Damenbart ab: Meist genau da, wo der **Einzelgänger** erst auftaut.

21. Der Swinging Single

Der **Swinging Single** swingt weniger als er gern würde, aber die meisten Frauen sind ja sooo konservativ, und niemand wird von ihm verlangen wollen, daß er jede – er sagt: »alles« – nehmen muß. Er darf anspruchsvoll sein und nein sagen können, schließlich verspricht er nichts weniger als Fun pur mit einem Mann ohne Besitzansprüche oder Streß, also viele Schokoladenseiten und interessante Krankheiten.

Ständig hört der **Swinging Single** von Frauen den Vorwurf, er sei oberflächlich und leide unter Bindungsangst. Da liegen Sie total falsch: Erstens dringt er tief in jedes weibliche Wesen ein, und zweitens würde er sich jederzeit an eine Frau binden, die ihn nicht schon nach ein paar Tagen langweilt. Sie sehen: Man muß sich nur ein bißchen anstrengen . . .

V. VERLASSENE

Plötzlich ist er allein. Er braucht Ersatz für die verlorene Frau. Und Trost. Ist der **Verlassene** also ein besonders williges Opfer für den Beutezug der Frau?

22. Der Strohwitwer

Seine Alte ist . . . – jedenfalls weg, und da heißt es »Hoch die Tassen!«, Juchu! und Halligalli! Natürlich auch: Faß auf! Jetzt wird nachgeholt! Alles! Weil jetzt auch alles egal ist, nimmt dieser Mann sogar Sie! Allerdings nur, bis er Sie wieder siezt, weil seine Alte aus dem Krankenhaus entlassen wurde. Sie fragen: »Kennst du mich nicht mehr?« Äh, also . . . – ja, doch vielleicht schon irgendwie, aber . . .

23. Der Geschiedene

Was diese Drecksschlampe ihm alles angetan hat! Nicht zu glauben, aber Sie glauben es doch, weil Sie hoffen, auf diese Weise seinen Vortrag über die unglückliche GAU-Beziehung abzukürzen, auf nur noch drei Stündchen täglich.

Irgendwie war seine Drecksschlampe, diese billige Nutte, dieser teuerste Fehltritt und »**Nie wieder!**«, eine typische Frau, also lockend weiblich, primitiv, berechnend, durchtrieben, falsch, gemein etc. Und Sie? Sie sind, das fällt diesem vorsichtig gewordenen Mann nicht zu spät auf, Sie sind doch mehr oder weniger – **auch** eine Frau. Das heißt übersetzt: Sie hätten es eigentlich auch nicht anders gemacht und damit nicht besser verdient als Ingrid – ». . . und jetzt dies, und dann das, nimm dies du Drecksschlampe!«

Verurteilen wir ihn nicht zu früh: Er hatte versucht, die Ehe zu retten. Redlich. Denn **seine** Kinder . . . , für die täte er alles, sie waren der Grund dafür, daß er diese Drecksschlampe nicht schon vor Jahren umgebracht hat, sondern erst letzten Sonntag. Und plötzlich muß er an die schönen Stunden denken, die ebenfalls unübertroffen waren, und, ja, er weint.

24. Der Witwer

Jawohl, es gibt Traumfrauen! Perfekte, unübertreffliche Partnerinnen ohne Fehltritt und Tadel – dünn gesät, aber immerhin. Als deren einzigen Nachteil könnte man eine gewisse Leblosigkeit benennen. Aber die Wohnung sieht ja glücklicherweise immer noch genauso aus wie letzten Sonntag, als Ingrid plötzlich und viel zu früh ... – Schluchz. Nein, nichts berühren! Meine einzige Ingrid! Einmalig war sie schon. Also damals z.B., als wir ..., das muß jetzt so an die 14 Jahre her sein, wir waren gerade ...

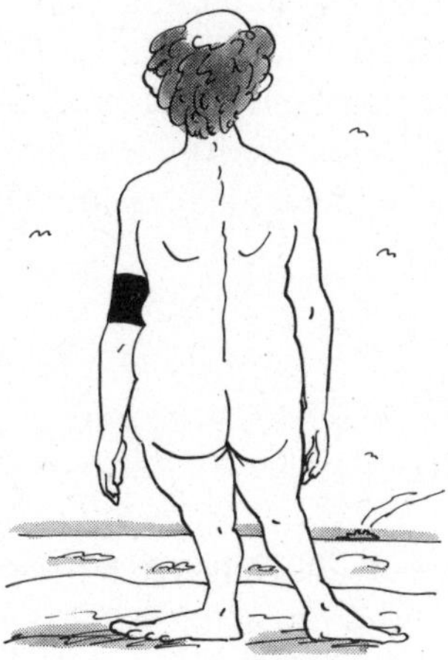

Der Witwer

VI. PAARUNGS-MÄNNER

Auch wenn es vereinzelt Exemplare geben mag, die die eine oder andere zivilisierte Eigenschaft aufweisen, spricht für die Bindung an den Mann doch meist nicht mehr als ein dunkler Instinkt ganz unten auf dem Urgrund jener weiblichen Urgeschichte, die jede Frau mit sich herumschleppen muß, weil männliche und allzumännliche Knebelgesetze die Fortschritte in der Gentechnik blockieren. Nur deshalb haben **Paarungs-Männer** eine Chance.

Für den **Paarungs-Mann** ist die geschlechtliche Vereinigung primärer Lebensinhalt. Er beschäftigt sich mit der Umgarnung, Eroberung und Befriedigung der Frau. Balz oder Kopulation mit dieser animalischen Männergattung mögen ganz witzig oder romantisch sein, haben aber ihren Wucherpreis – der einem allerdings erst nach dem Impulskauf auffällt.

25. Der Aufreißer

Die Freude am Ausgeliefertsein steckt, so die Erfahrung des **Aufreißers**, ganz tief drin in jeder Frau – da, wo auch er hingehört. Was andere Männer erst sehr viel später sagen, bringt er daher schon auf dem gemeinsamen Weg »zu dir oder zu mir« eindeutig zum Ausdruck: »Du willst mich, ich weiß es ganz genau.«

Etwas schade (und den Frauen gegenüber insgesamt ungerecht) findet er, daß so wenige gut ausgestattete und ausgebildete Männer existieren, die die große Nachfrage nach erstklassiger Verführungskunst auf Seiten der Frauenschaft po- und kompetent befriedigen können. Irgendwie fühlt er sich da persönlich in der Pflicht. Er beglückt gerne, ausdauernd und selbstlos. Leider kann er sich nicht vierteilen, aber er bemüht sich doch redlich um eine Annäherung an diese Kunst: im positionenreichen Mehrschichtendienst gibt er alles, fast allen.

Auch für Gerechtigkeit nach dem Gießkannenprinzip ist gesorgt. Immer wieder bekommen bislang nicht intim mit ihm bekannte Frauen die Chance, auf sein Becken zu rotieren, weil entweder er an einer der bisher Aktuellen die Lust verliert oder er die Frauenfrage beantworten mußte: »Ich oder die anderen!« Ja, wer wohl?

Sie alle müßten ihm dankbar sein für die schönsten Nächte ihres Lebens.

Aber in den Armen seines wesentlich weniger raffinierten Nachfolgers oder im Endlich-allein-Leben der Single-Frau diffamieren ihn seine Ex-Geliebten als »Techniker«, nur weil er sich – für sie! – Mühe gegeben hatte und ihnen außerdem die Wahl ließ zwischen mehreren, teils batteriebetriebenen Accessoires aus dem einschlägigen Versandfachhandel.

Glücklicherweise bekommt er aber auch Dankesbriefe aus aller Welt. Denn tatsächlich hat er schon einige geheilt, und ein sehr musikalischer Farbiger hat das Lied vom »Sexual Healing« dazu geschrieben.

Bei der Beschaffung des Frauenmaterials bedient sich der **Aufreißer** der unsterblichen Werkzeugkiste von Don Juan und Casanova: mehrfach verwendbare Komplimente, Hypnose, Charme, Bacardi Cola.

26. Der Potenzprotz

Zwanzig verschiedene Damenstimmen hat er schon sagen hören: »Das schaffst du niemals!« Und doch, er hat. Nur leider rufen ihn trotzdem keine Unbekannten an, die sich aufgrund von Hörensagen mit ihm verabreden wollen. Damit nicht genug: Seine männlichen Bekannten glauben ihm seine Geschichten nicht. Dabei stimmt es, daß er seit Jahren nicht onaniert, sondern »immer schon vorher irgendeine Alte klarmacht.«

27. Der Rammler

Dieser Mann spezialisiert sich auf eine häufig ausgegrenzte Gruppe von Frauen, die man allgemein als »dankbar« bezeichnet. Sie besitzen weder eine Stoppuhr noch statistische Vergleichszahlen, oft auch weder Waage noch Spiegel. Jedenfalls waren seine Vorgänger auch nicht besser, wenn er überhaupt Vorgänger hatte und Ingrid dies nicht nur behauptet.

Warum auch Zeitlupe, sagt sich der **Rammler**, bei **der** Qualität Frau lohnt sich das doch gar nicht. Aus demselben Grunde streicht sein persönlicher Rotstift das Vorspiel solange zurück, bis es in einem vernünftigen Verhältnis zur Länge des Aktes steht, wie ihn auch erfahrene Züchterinnen von Kuschelkaninchen für normal halten.

Der **Rammler** nimmt jede und erzählt besonders gern, in genau welchem Monat er aufgehört hat zu zählen. Nicht immer ist der Grund sein intellektuelles Problem mit großen Zahlen. Oft nennt er menschliche Motive: »Seit ich dich kenne, sehe ich das alles anders.« Auch dies ist eine seiner effektiven Methoden, Zeit einzusparen.

28. Der Verbalerotiker

Der **Verbalerotiker** geht davon aus, daß er nur deshalb noch nie zu seiner eigentlichen Form finden konnte, weil ihm »noch nie die richtige Braut vor die Flinte gekommen ist.« Dabei hat er doch allen haarklein erzählt, wie er sich die ideale Partnerin und Paarung vorstellt. Naja, alte Tatsache: Ein Mann ist immer so gut wie die Frau, die von ihm nicht begeistert genug ist.

29. Der Lover

Der Mann für die Liebe. Er ist nichts anderes und will nichts anderes sein als der Schmusekater. Das trifft sich gut, denn die Frau, die er frisch aufgegabelt hat, will nach so vielen Enttäuschungen nie wieder irgendwas Festes ... – außer untenrum.

Sie fährt irgendwie auf ihn ab, meist voll – also nicht mehr fahrtüchtig –, auch wenn sie kaum seinen Namen kennt. Sie war lange nicht mehr, ja noch nie, so unbeschwert und glücklich. So könnte es ein Leben lang bleiben, wenn sie nicht auf die Idee verfiele, daß es ein Leben lang so bleiben sollte. »Sieh mal die hübschen Ringe da im Schaufenster!«

Die Auslagen des Juweliers interessieren den **Lover** nicht. Er verläßt die Frau. Sie weint. Er nimmt sich eine andere. Sie sich das Leben. Wie sagt der Lateiner so treffend: Jeder das Ihre. Wichtig ist ihm nur, daß **seine** Frau nichts erfährt und seine Tochter endlich bessere Noten in Latein nach Hause bringt. Gewissenlos? **Er** hat keine Versprechungen gemacht. Aber sie hat sich ständig eingeredet, welche gehört zu haben. Schnepfe! Typisch Frau! Kein anderer Mann ist so unterschriftsfeindlich.

30. Der Latin Lover

Nicht nur das kleine, oft auch das ganz große Latinum der Liebe beherrscht der **Latin Lover**. Die Frauenwelt kennt ihn als Inbegriff des gutaussehenden Verführungsexperten, weil er sogar freiwillig tanzt. Er könnte jede haben, und das macht es noch schmeichelhafter, wenn er seine Zärtlichkeiten so überreichlich mit Komplimenten abschmeckt, daß man in ihm unschwer die ganz große Liebe des Lebens entdeckt. Doch: Fehlanzeige. Oder: Heirat, und schon entpuppt er sich als krankhaft eifersüchtiger **Rammler**, Typ 27, der ständig unterwegs ist und rumhurt, aber sein Kind abgöttisch verehrt. Das ist das südländische Temperament.

31. Der Hausfreund

Was ist es eigentlich genau, das, wie dauernd in Kontaktanzeigen beteuert, »zu zweit mehr Spaß macht«? Da kommt fast alles in Frage zwischen Zuhören und Anal-Sex – sämtlich vorhanden im festen Repertoire des **Hausfreundes**, der zudem noch lernfähig ist, wenn es um neue, noch exotischere Praktiken geht.

Hauptsächlich der Hauptmann der untreuen Frau mit Befriedigungsdefizit profitiert von den Geheimdiensten dieses **Paarungs-Mannes** – auch wenn er aus Zeitmangel nicht immer dabeisein kann, wenn der **Hausfreund** im Rahmen einer solidarischen Arbeitsteilung für Abwechslung sorgt und einer Gattin die wichtigsten Besorgungen macht.

Die Ehe ist ungefährdet, denn der **Hausfreund** möchte keinesfalls mit dem Gehörnten tauschen: Er kann keine verwöhnte Schickse gebrauchen, die mit nichts zufrieden ist und obendrein betrügt. Also achtet er peinlich darauf, daß sich die Ehebrecherin ihrem eigenen Mann gegenüber immer genügend schuldig fühlt, um diesen nicht zu verlassen. Außerdem betont er, daß einer wie er **sie** – bei aller Liebe – niemals glücklich machen könnte.

Unerfahrene Frauen glauben ihm kein Wort und geben ihrem Angestammten den Laufpaß, weil sie nochmal ganz von vorn anfangen wollen, auf der Basis der Liebe ein neues, glücklicheres Leben ... – doch plötzlich ist der **Hausfreund** »so anders, ohne Grund« oder sogar vom Erdbeben verschluckt. Für immer.

32. Der Perverse

Als Abenteuer besonders beliebt bei »stern«-Leserinnen, die endlich mal mitreden können wollen.

33. Der Unhold

Aufgrund der konservativen Rechtslage lebt der **Unhold** ein angestrengt unauffälliges Leben mitten unter uns. Für Taschendiebinnen ist ein solcher Mann dennoch leicht zu erkennen, nämlich am Kamm, den er stets in der Brieftasche mit sich führt.

Der **Unhold** ist in Paarungsdingen erstaunlich wählerisch. Kurz vor Ihrer Einschulung haben Sie die besten Chancen bei diesem lockenden Mann, der besonders reizende Geschenke macht und trotzdem nicht immer geliebt wird.

Zeigen Sie doch ein wenig Verständnis für den armen **Unhold**! Er ist in seiner Jugend selbst Opfer gewesen und mißbraucht worden. Selbstverständlich können Sie ihn trotzdem im Gerichtssaal niederschießen und diese Geschichte schon vorab an den »stern«[1] verkaufen. Es bedient Sie unser Herr Heidemann ...

Der Unhold

34. Der Mann von Welt

Weltgewand und polyglott wie der **Mann von Welt** nun mal ist, kennt er sich überall aus und kann vergleichen. Wenn er trotzdem ausgerechnet **Sie** will, muß das seinen Grund haben. Im besten Falle handelt es sich um eine Verwechslung. Überprüfen Sie die Vollständigkeit Ihrer Wertsachen.

35. Der Partylöwe / der Salonlöwe

Er läßt sich überall sehen, wo Frauen herumstehen könnten, die keinen besseren als ihn abbekommen. Wie alle wichtigen Menschen bleibt er nur kurz, auch weil er sich selbst eingeladen hatte.

36. Das Stille Wasser

Konto und Kfz sehen aus wie er – scheiße. Aber irgendwo muß er es faustdick haben, auch wenn eine diskrete Suche hinter den Ohren ergebnislos verlaufen ist.

---

1 »stern«, DAS DEUTSCHE MAGAZIN, Wartburgstr. 50, 2000 Hamburg 36

Das **Stille Wasser** nimmt sich das graue Mauerblümchen vor, das er zum Aufblühen bringt, indem er ihr glaubwürdig versichert, sie sei eine aufregende Sex-Bombe, weil die Birnenform gerade unheimlich im Kommen ist – das stand auch im »stern« und war schon immer genau sein Geschmack. Seine Art, Liebe zu zeigen, das ist ganz einfach – um mit Daliah Lavi zu sprechen, die einen solchen Mann sofort nehmen würde – Schweigen. Auch im Walde, den er gern in kleinen Schritten und händchenhaltend durchmißt – mit ihr, also Ihnen, der er angeblich ge- und zuhört, um sie dann zu trösten, auf Ihren besonderen Wunsch gern auch im Gebüsch. Hauptsache Vollmond.

Sein größtes Problem ist, seine Liebschaften wieder abzuschütteln. Er kann nicht nein sagen, zu keiner, und so kommt er nie zur Ruhe, weil ihm alle verzeihen, daß es andere in seinem Leben gibt. Warum sie etwas für Frauen so extrem Ungewöhnliches tun? Weil sie glauben, er erzähle ihnen nur von anderen, um nicht zu langweilig zu wirken. Andere – man traut sie ihm nicht zu, wo er doch immer so erschöpft aussieht. Eben! Warum wohl?

37. Der Hahn im Korb

Die Arbeitsplätze in der Nähe der wirklich scharfen Frauen sind leider längst mit Männern besetzt, die sich für knusprige Matrosen mit Spaß an Lederunterwäsche interessieren. Versucht sich ein Mann dennoch in der Modebranche oder im Hairstylingbereich zum **Hahn im Korb** hochzuarbeiten, wird er überall als **Homo**, Typ 228, angesehen.

Aber nicht jeder **Hahn im Korb** ist auf Schönheiten fixiert. Gern arbeitet mancher in Positionen, die von diversen niederen, schlecht bezahlten Berufsgrüppchen umfriedet sind. Inmitten der hier typischen Schar von ausschließlich weiblichen Mitarbeitern fühlt er sich besonders wohl, wenn er die Damen auch einzeln und grundlos zu sich ins Büro bestellen kann. Oh Gott, wie lange hat »die Neue« schon darauf gewartet, daß er die Bürotür endlich auch einmal hinter **ihr** absperrt! Soviel hat sie schon gehört ...

Der **Hahn im Korb** besitzt eine besonders ausgeprägte Spürnase für Situationen und Standorte mit Männermangel und weiß: In bestimmten Mädchenpensionaten hat auch ein Musiklehrer vom Zuschnitt eines Peter Alexander Chancen. Außer ihm kennen nur echte **Superstars**, Typ 252, das Gefühl, wenn Frauen um einen buhlen. Er ist aber auch wirklich unwiderstehlich, oder? Ja, das findet er auch.

38. Der Einsame Wolf

Ein wenig verschlossen wirkt er schon, wie er seiner ganz, ganz großen Liebe nachtrauert und so unstet durch die nächtlichen Straßen einer pulsierenden Metropole irrt, daß am nächsten Morgen im Büro mit ihm null anzufangen ist. Mußte sie denn, so fragt er sich immer und immer wieder, ausgerechnet seinen ehemaligen Partner im Streifendienst heiraten, diesen falschen Streber, diesen . . . , während er selbst wegen eines von oben fingierten Korruptionsvorwurfs und angeblicher Gewalttätigkeiten im Dienst . . . – obwohl er doch nur . . . – lächerlich!

Enttäuschungen und Fehler, ja, auch eigene sind darunter, will der **Einsame Wolf** vergessen, wie alles andere auch außer den unvergeßlichen Stunden mit Ingrid. Er will keine Vergangenheit haben und nicht über die Zukunft nachdenken. Und noch viel weniger hat er Lust, sich mit einer verständnisvoll tuenden Schnepfe über so persönliche Themen wie z.B. seinen Vornamen zu unterhalten. Da trinkt er lieber, aber nur ganz besonders harte und kalte Sachen.

Der **Einsame Wolf** spricht, falls überhaupt, in Halbsätzen seine Ganz-Wahrheiten aus, und läßt sich inzwischen als gebranntes Kind nur noch von Frauen ohne Feuer verführen. Ja, er ist scheu, und Frauen finden ihn so verschärft, weil er sich nicht für sie interessiert. Außer manchmal. Dann schnappt er sich einfach eine. Sie erinnert ihn an seine große, tragische Liebe und den verschrotteten Manta. Legt sie flach – wie einen Rochen. Gibt ihr, was sie braucht. Nimmt sich, was er nicht braucht. Sie ist unsterblich verliebt. Er kommt. Dann: Er raucht und schmeißt sie raus. Er liegt stundenlang in voller Bekleidung auf dem Bett und starrt gegen die Decke, die mit einem Ventilator verziert sein sollte, trinkt weiter harte Sachen und grübelt darüber nach, was er nicht falsch gemacht hat. Es fällt ihm nicht viel ein, aber er schläft ja auch nie.

Gern necken ihn andere Männer, aber er ist schlagfertig: »Na, heute noch keinen umgelegt?« – »Ich kann ja mit dir anfangen!«

39. Die Einsamer-Wolf-Fälschung

Geht häufiger in gute Filme und sagt den Rest des Tages: »Meine Freunde nennen mich Django, aber ich habe keine Freunde.« **Da** übertreibt er nicht.

40. Der Retter / der Beschützer

Dem scheuen Reh[1] sollte es nicht schwerfallen, noch ein paar Sachen mehr falsch zu machen, als es tatsächlich nicht beherrscht. Der Retter erkennt mit geübtem Auge die Sachlage und nimmt sich nun des hilflosen Wesens an, das da so ausgehungert, tropfnaß und bibbernd in der von ihm mitgebrachten Wolldecke die erste Tasse Kamillentee danach schlurft – **nach** der wie auch immer gearteten Katastrophe: Erdbeben, Seitenstiche, Wirbelsturm, Asthma-Anfall, Überdosis, Verbrechensopfer, Beule im Panda, Wohnungsschlüssel verbummelt, ihn gerade kennengelernt, Stich-, Landtags-, Berufs- oder Mißwahl verloren.

Wenn er sich ausnahmsweise nicht eines solchen Opfers annimmt, so sucht der **Retter** Bordelle auf, um die Prostituierte zu treffen, die die Vorsehung für ihn reserviert hat, damit er das Flittchen unter seinen Fittichen resozialisiere wie der »Taxi Driver« De Niro seine Iris – schließlich hat sie trotz der irreführenden Erwerbstätigkeit ihr Herz, wie er seins, am rechten Fleck. – Fühl mal!

1 vom Format einer Rosanna Arquette an aufwärts

VII. TÄUSCHER

Immer mehr Frauen bekennen freimütig: »Ich glaube gern!« Zwar bestimmt nicht jeden Unsinn, aber immerhin jeden Scheiß. Die Lügengeschichten sollten nur möglichst so gekonnt vorgetragen sein wie im großen Gefühlskino eines Wim Wenders oder in »Vorsicht Falle«.

Was ist schon dabei, wenn man sich genüßlich von einem Mann täuschen läßt? Die Ernüchterung folgt **jedem** Mann auf dem Fuße, aber der **Täuscher** enttäuscht wenigstens nicht schon beim Vorspiel.

Wenn man **weiß**, daß es sich bei einem Mann um einen aus der Gattung der nicht Aufrechten handelt, so kann man sich dem Genuß trotzdem hingeben, denn eine Zigarette schmeckt ja auch nicht abstoßend, nur weil man weiß, daß andere Krebs davon bekommen können.

41. Der Angeber

Gern läßt dieser grundsympathische Typ sogar wildfremde Menschen teilhaben an seiner Freude über das, was er besitzt, erreicht oder sich geliehen hat: Auto, Maisonette, Uhr, Frau, Rottweiler. So gehen wichtige Impulse für das Bruttosozialprodukt von ihm aus, reizt der **Angeber** doch viele andere Männer zur Nachahmung oder dem Wunsch, ihn noch zu übertrumpfen.

Seine außergewöhnlichen Fähigkeiten und besonderen Kenntnisse läßt er ganz »zufällig« heraushängen, weil man ihm sonst vorwirft, er habe seinen Benz, die Rolex, sein Gehirn oder die Schußwaffe aus niederen Beweggründen dabei.

Nein, nur kein Neid, er kann – bzw. **könnte** – sich all diese tollen Dinge erstens leisten und braucht sie zweitens allesamt – wie auch das Geldbündel, das er neben dem Cartier-Feuerzeug von DuPont auf der Theke abgelegt hat, um sich mit beiden in gemütlicher Runde die nächste Davidoff (No. 1) anzuzünden und bei dieser Gelegenheit zu beweisen, daß ihm Geld nichts bedeutet. Wer hat, der hat – auch und gerade Stil. Und gerade beim Schlußverkauf darf gefragt werden: Was kostet die Welt? Natürlich kommt es auch auf die Finanzierung an und darauf, ob man die richtigen Leute kennt. Bestimmt werden auch Sie sich für die ungewöhnlichen Geschichten interessieren, die er gemeinsam mit ziemlich unbekannten Prominenten erlebt hat. Nein?

Eigentlich würde er nicht so aufschneiden, aber seine Mitmenschen sind leider so einfach strukturiert, daß sie, ihrer eigenen Beurteilungsgabe überlassen, die versteckten Qualitäten des **Angebers** übersehen würden. Dies gilt besonders für andere **Angeber**, die ihn in allem und jedem zu übertreffen suchen, obwohl der eigentliche Sieger längst feststeht.

Der **Angeber** kauft nur in exklusiven Geschäften, also denen, deren Schaufensterauslagen trotz gegenteiliger Rechtslage nicht ausgepreist sind. Das hat den Nachteil, daß er einen Großteil seiner Freizeit darauf verwenden muß, mit einer Etikettierpistole nachträglich Preisschildchen aufzukleben, um dem Bekanntenkreis peinliche Fragen zu ersparen.

42. Der Hochstapler

Grün, die Farbe der Hoffnung, setzt sich aus den zwei Grundfarben des Versprechens zusammen, wie sie nur der **Hochstapler** so kunstfertig zu verrühren vermag: das Gelbe vom Ei und das Blaue vom Himmel. Da läßt es sich kaum noch vermeiden, daß eine Frau glücklich zusammensinkt.

Kein anderer Mann geht so intensiv auf Ihre ganz individuellen Bedürfnisse ein, niemand versteht Sie so gründlich wie er. Perfekt präsentiert er sich Ihnen als der Mann, auf den Sie schon immer gewartet haben, als Bingo-Volltreffer ohne Mundgeruch oder Schuppen.

Sie schweben. Ist das schön! Sie schweben weiter. Vorfreude ist die schönste Freude. »Unsere Zukunft!« »Nur du und ich – wie im Märchen.« So ein Glücksfall. Wie lange schweben Sie eigentlich schon? Wenn man genau nachrechnet, hat Sie dieser Lügner glücklicher gemacht als jeder andere Mann zuvor, seine Beglückungsdichte erreicht keiner.

Nachdem die Seifenblase geplatzt ist, müssen Sie sich fragen lassen: War es denn anders zu erwarten? Und: Wen trifft die Schuld? Es zwingt zum Schlechtsein den Mann die Frau. Und sie geht obendrein meist straflos aus.

43. Der Charmeur

Am Ende glauben sie[1] ihm, daß ihre Spiegel irgendwie defekt sind.

---

1 Kleingeschrieben, weil es nicht nur Ihnen, sondern auch allen anderen so geht. Doch, die gibt es!

VIII. KÖRPER-MÄNNER

Diese Männer »machen was für den Body«, sehen also völlig unabhängig von ihrem Aussehen gut aus und werden darum von den Besitzlosen besonders beneidet, denn jeder weiß: Paarungschancen hängen – leider – seit den lustigen Zeiten der Ursuppe in erster Linie mit den körperlichen Attributen des brünftigen Männchens zusammen. Das mag sich mit der Erfindung des Bankkontos etwas geändert haben – aber nur, wenn dieses vergleichbar muskulös ausgebildet ist.

44. Der Bodybuilder

Der **Bodybuilder** verbringt täglich viele Stunden festgeschraubt an einer Kraftmaschine, in der er irgend etwas hebt, zieht oder drückt, wobei er schwitzt und schreit – und philosophiert: Denken tut nicht weh, aber das Bodybuilding hat »ihm gelernt«: Wenn etwas echt was bringen soll, dann muß es wehtun. Andererseits hat er nichts gegen das Denken, denn ohne Höchstleistungen des Geistes gäbe es weder Anabolika noch die perfekt durchdachten Trainingspläne, die man braucht, um einen Niemand gleichmäßig aufzubauen.

Wenn Sie seine Hemden aussuchen, dürfen Sie nie vergessen: Er liebt es zwei Nummern zu klein. Das Poloshirt spannt über Oberarm und Brustkorb, er fühlt seine Haut und damit seine Ausmaße bei jedem Schritt, kann die im Schritt aber nur dank eines Wandspiegels sehen, u.a. weil sein Brustkorb so groß ist. Ja, dieses Körpergefühl ist es, um das sich sein Leben dreht und das ihn so selbstsicher ausstrahlen läßt, wenn er mit abgespeizten Armen den Gorilla-Gang mit Adidas-Tasche in der Hand vorführt. Manche finden diese Art der Fortbewegung affig, aber: Muß sein, sonst würde das monströse Gepäck ständig am monströsen Oberschenkel scheuern, und wenn er schon **einen** Arm abspreizt, warum dann nicht, schon der Symmetrie wegen, den anderen auch?

Die Frau sieht von ihrem Prachtstück nicht viel, denn der **Bodybuilder** ist noch grundsätzlicher beim Training als andere Sportskameraden. Andererseits ist es wahr, daß sie bei seiner allgemeinen Abwesenheit nicht viel versäumt, außer vielleicht die neidischen Blicke anderer Frauen.

Auch im Bett ist der **Bodybuilder** schön anzusehen – aber leider nicht so scharf wie die nach Informationen des »stern« dauergeilen DDR-Kugelstoßerinnen, von denen er stimmlich und der Statur nach im Dunkeln nicht zu unterscheiden ist, wenn sie sich so sorgfältig rasieren wie er. Komisch, das mit seinem Libidomangel, dabei nehmen diese Damen doch dieselben Präparate wir er.

Außer Posieren beherrscht der **Bodybuilder** noch andere komplizierte Kunststücke: So zerquetscht er eine Bierdose in der bloßen Hand und kennt viele lateinische Namen für Muskeln, Sehnen und sogar Menschenknochen, was ganz interessant sein kann, wenn Sie entsprechende Zufallsfunde in seiner Tiefkühltruhe machen.

Zwei Jahre nach der Heirat kommt es zu einer rapiden Rückbildung des Muskelgewebes. Es wird zum Bauch hin umgeschichtet. Trösten Sie sich: Er nimmt die Leibesübungen wieder auf, wenn er zum **Midlife-Krisenfall**, Typ 131, wird.

45. Der Schönling

Aus Einsicht tut er eine ganze Menge, damit er weiterhin so schön bleibt, wie er sich selber findet. Er ist eben ein Kopfmensch, weil er weiß: ohne Kopf keine Frisur. Und die macht »mehr aus seinem Typ«, wobei ihm die diversen Pflegeserien für den Herrn helfen, die er vollständig im Bad aufgebaut hat. Aber wirklich schwören tut er nur auf die Natur und als deren Stellvertreter Gurkenmasken.

Ausführlich sagt der **Schönling** jeder Frau, wie unheimlich gut sie heute wieder aussieht, so daß sie ihm ein mehrseitiges Kompliment für seine eigene Tagesform zurückgeben muß. Doch nun winkt dieser sympathische Typ bescheiden ab und bemerkt, daß er doch nur »wie immer« ... – erstaunlich, wenn man bedenkt, daß er »nichts anzuziehen« hat. Abgesehen vom Wahrheitsgehalt dieser Behauptung: Er bräuchte auch nichts außer seinen seidenen Boxers, und außerdem steht ihm sogar der sprichwörtliche Kartoffelsack, vor allem der mit dem Gaultier-Label.

Die Reisetätigkeit des **Schönlings** ist rege, beschränkt sich aber auf die Heimat. Tägliche Tourneen durch sämtliche bedeutenden Cafés und Diskos werden abgerundet durch einen sportlich aktiven Partytourismus – gern mit wechselnden Partnerinnen, die ihm aber nie gut genug sind. Wenn er sich trotzdem manchmal mit einer paart, so nur, um dem Ruf der Gleichgeschlechtlichkeit zu entgehen und den ihm nachstellenden Homos das Exempel Sylvia zu statuieren. »Aber ich bin doch Ingrid!«

Ja, die Damenwelt hat keine rechte Freude an dem **Schönling**. Manchmal könnte man glauben, alle anderen Männer hätten zusammengeworfen, um einen **Schönling** stellvertretend für die Gesamtheit der zurückgewiesenen Herren, Jungs, Burschen und Buben den Frauen insgesamt zuzuführen, welche der **Schönling** dann, kaum daß sie sich sämtlich in ihn verliebt haben, abblitzen läßt. Rache! Ätsch! War längst mal fällig. Er kann es sich leisten, denn nebenbei »moddllt« er.

46. Der Bräuner

Zum Selbstversuch trotz gelegentlicher Rattenunähnlichkeit neigt der **Bräuner**, der sich ganzheitlich von ultravioletten Strahlen beschießen läßt. Seine Haut ist so knusprig und gesund gebräunt, daß sich sein Melanom gar nicht weiter abhebt. Toll: Sie erben bald (seinen Jahresvorrat an »Tiroler Nußöl«), denn seine Theorien, wie viele Stunden man gefahrlos in der Sonnes Ibizas oder gar in Monikas Sun-Paradise-Tan-Center liegen kann, bewahrheiten sich nur manchmal.

Den Urlaub verbringt der **Bräuner** auf seinem Handtuch. Seine Rolex-Imitation nimmt er nicht[1] ab, damit man zu Hause, wenn er sie am anderen Handgelenk trägt, als Kontrastprogramm einen weißen Ring unbestrahlter Haut bewundern kann.

---

1 Schon gut, liebe Fachleute: Er badet ja auch nicht. Der Autor weiß, welche Uhren »waterproof«« sind und welche sofort vollaufen. Er kennt sogar den feinen Unterschied zum »waterresistant«. Schließlich ist er in allen wichtigen Gewässern der Welt zu Hause und taucht dort bis drei Füße tief...

IX. SPORTLER

Obwohl Michael Jackson keinen ernstzunehmenden Sport treibt, bildet er sich ein, so alt werden zu können wie nur ein **Sportler** – also rund 150 Jahre. Doch das regelmäßige Knutschen mit Primaten unterm Sauerstoffzelt bringt nur halb soviel Lebensverlängerung wie ein vernünftiges Maß an Fitness-Anstrengungen (also z.B. Super-Marathon) in der Innenstadt, weshalb Michael definitiv mit 75 sterben wird, sofern ihm sein Affe nicht vorher eine unheilbare Geschlechtskrankheit anhängt.

47. Der Athlet

Jeder Mann braucht eine Aufgabe: Weltrettung, bahnbrechende Erfindungen oder – Training. Von letzterem kann der Athlet gar nicht genug bekommen, zuviel schon überhaupt nicht. Wenn er nicht gerade beim Training ist, ist er auf dem Weg zum Training oder kommt frisch vom Training – naja, nicht immer frisch. Die Größe der mitgeführten Sport-Tasche läßt dabei einen direkten Rückschluß auf die allgemeine Ernsthaftigkeit des sie besitzenden und tragenden Mannes zu.

Und dann kommen die Früchte der Schufterei: Es ist schon toll, wenn es einem nach langer Vorbereitung gelingt, einen Startschuß nicht zu überhören und darüber hinaus auch noch 100 Meter geradeauszulaufen – fehlerfrei! Das ist Thema des Tages in der Umkleidekabine mit ihrem typischen Duft, von dem nur **Athleten** erregt werden.

Immer wieder findet der **Athlet** noch ein Körperteil an sich, an dem die Messer der Heilkunst ausprobiert werden können. Auch Wiederholungen werden ihm nicht langweilig: »Das ist jetzt das dritte Mal, daß mein Meniskus operiert wird . . .« Der hier? Nein, der andere. Ach so, der vereiste mit der Narbe. Genau. Der **Athlet** verletzt sich nun mal für sein Leben gern, und andere **Athleten** ihn auch.

48. Der Modeathlet

Sportkostüm und Sportgerät nehmen den **Modeathleten** so sehr in Anspruch, daß er kaum Zeit zur Ausübung seines Sportes hat. Andererseits:

Das teure Zeug muß ja auch geschont werden, und schon die häufigen Vorführungen gleich nach der Anschaffung haben das Material bis an die Grenzen des Vernünftigen beansprucht.

Man hat sich aus sportlichem Ehrgeiz für Profi-Marken entschieden, denn: Je teurer die Grundausrüstung, desto rekordverdächtiger die Leistungen, die man mit ihr erbringen könnte, müßte man nicht Überstunden machen, um sie zu bezahlen. Und vor allem ist es jedes Jahr eine andere Sportart, die man eine Woche vor dem »stern« entdeckt ...

Der **Modeathlet** hat nie eine Tasche dabei, so daß er seine knallbunte Oberbekleidung immer am Körper und die wichtigen Geräte in der Hand tragen muß. Ausnahme: Beim Autofahren gehören sie gut sichtbar auf den Spezial-Dachgepäckträger. Auf seinem Jeep befinden sich die Surfbretter, die die Welt bedeuten. Auf Parties erkennt man den **Modeathleten** am mitgeführten Schläger, Sturzhelm oder Schnorchel, sein Mountain-Bike bindet er am Elektroherd der Gastgeberfamilie fest.

49. Der Kampfsportler

Es liegt doch in der Natur des Mannes, daß er seine Freundinnen beschützen können will. Und diesem liebenswerten Ziel widmet der **Kampfsportler** besonders viel Zeit, weil es oft gar nicht so einfach ist, andere Menschen so weit zu bringen, daß man sein Weibchen mit Karate beschützen muß.

50. Der Berufssportler

Ein erfülltes Sportlerleben lang trägt er auf Kosten eines führenden Weltunternehmens im Chemiebereich nicht nur im Leistungszentrum Tauberbischofsheim taube Bischöfe ins Heim für gehörlose und gehbehinderte Kleriker, sondern auch noch zu einer anderen, nämlich der allgemeinen Belustigung bei. Doch Spaß beiseite »Ernst, kommt her!«: Sein Trikot sieht etwas unruhig aus, aber dafür passen viele Namenszüge drauf.

Als Frau des **Berufssportlers** haben Sie, vor dem Verkauf Ihres Schatzis an Spaghettis oder Knoblauchfresser, ständig Ärger mit der deutschen Kampfpresse. Entweder waren Sie zu gut oder zu schlecht im Bett des Trainingslagers – oder haben Sie den Nationalhelden gegen die Nation der Dichter und Denker aufgehetzt? Sie brauchen Nerven, wenn »Bild« und »Spiegel« unisono **Ihnen** die Wimbledon-Niederlage Ihres Schatzes in die Sportschuhe schieben wollen, die Sie aus Solidarität mit der Belegschaft des Puma-Konzerns kostenfrei und verbindlich tragen (müssen).

Was brauchen Sie sonst noch? Sie haben einen extrem hohen Keilbedarf, denn zwischen den **Berufssportler** und seinen Manager, seinen Persönlichen Manager, seinen Trainer, den Verbandspräser, den Diensthabenden Sportarzt, den Mentalpsychologen und die Presse muß je ein Keil getrieben werden. Ja, von Ihnen!

51. Der Extremsportler

Nicht in jedem Fall muß Selbstverstümmelung kostspielig sein, auch wenn der **Extremsportler** meist extrem tief in die Tasche greift, um in Todesnähe eine besonders raffinierte Todesangst ausstehen und in vielen Fällen überleben zu können. Schön: Freeclimbing nackt mit Fallschirm und verbundenen Augen im Himalaya macht sicher Spaß. Aber täte es die preiswerte Luftmatratze nicht genauso gut, wie man sie für die Weltumpaddelung einsetzen kann?

Zuhause fühlt sich der **Extremsportler** überall, wo es mindestens 100 Meter senkrecht runtergeht – also auch in Ihrer Küche auf dem Fensterbrett. Für das Glück des Mannes nimmt man in Kauf, daß die etwas unpersönliche Hochhauswohnung sonst nur einem **RAF-Original**, Typ 170, mit Frau und Kind gefallen würde, einem Pärchen wie dem, das sie gerade geräumt hat.

52. Der Breitensportler

Seit Jahren raten führende Fortpflanzungsinstitute Frauen jeden Alters: Sichern Sie sich sofort den Mann, der auf Ihre Frage »und was machst du sonst so?« anwortet: »Ich? Breitensport.«

53. Der Jogger

Er kauft sich seine normale Kleidung seit Jahren eine Nummer zu klein, weil er ja demnächst abnehmen wird – dank einer vernünftigen Kombination von gesunder Ernährung und der so gesunden Bewegung, zu der er im Opel ein paar Kilometer hinaus in die unberührte Natur reist. Die An- und Abfahrt nimmt mehr Zeit in Anspruch als das eigentliche Joggen, ist aber für den Sport nicht verloren, wenn man entsprechend fährt.

Im wirklichen Leben ist dieser Konsument isotonischer Erfrischungsgetränke ganz normal und wird selten kriminell auffällig. Doch Vorsicht: **Jogger**, die Sie unter der Woche zwischen 10 und 15 Uhr im vollen und vollgeschwitzten Ornat antreffen, sind abzulehnen: Arbeitslose und Zuhälter. Die für Sie einzig interessanten Erfolgsmänner joggen zwischen 06:23 und 06:50 Uhr oder in der Mittagspause. Sie tragen auch die formschöneren Stoppuhren um den Hals.

54. Der Fitness-Typ

Der Kampfgedanke entfällt, daher wird der Frau ein Mitmachen gestattet, wobei das Partnerlook-Ideal im Vordergrund steht. Schon bei offenem Fenster kann dieser prachtvolle Hantelbesitzer gute Erfolge bei der Körperstählung erzielen. Eigentlich ungerecht, daß der Bauch, den er Bäuchlein nennt, trotzdem bleibt.

Etwas lästig für Ihre Augen kann es werden, daß der **Fitness-Typ** unabhängig von seinem Alter Tag und Nacht in diesen grauen Jogging-Klamotten mit den knallbunten Aufdrucken herumläuft, obwohl er über die Bedeutung von »Giants 48« so wenig weiß wie die anderen treuen Karstadt-Kunden mit baugleichen Kleidungsstücken.

X. GELD- UND GESCHÄFTS-MÄNNER

Einige dieser Burschen führen eine Zweitehe – und zwar mit einer Frau. Offiziell und in erster Linie sind die meisten **Geschäfts-Männer** natürlich mit ihrem Geschäft verheiratet, manche aber auch mit ihren Schulden, wieder andere mit der künftigen Dollar-Million. Viele haben homophile Neigungen zu Gerichtsvollziehern und Konkursrichtern.

Alle **Geschäfts-Männer** – ohne Ausnahme! – reden ständig und am allerliebsten über Geld: Wieviel sie haben, wie geschickt sie es eher »machen« als – typisch für Doofe – »verdienen«, wie sie es unter den Augen des Finanzamtes **privat** auf Geschäftskosten verjubeln, wen sie neulich in den wirtschaftlichen Ruin getrieben haben etc. Das kann schnell langweilig werden, besonders, wenn Sie als Frau von diesem vielen schönen Geld immer nur **hören**.

55. Der Klassische Chef

Er kann Türen ohne fremde Hilfe öffnen und Mäntel ganz allein anziehen, aber er hat selten Gelegenheit, dies zu beweisen. Es ist immer schon ein Mitarbeiter ganz in seiner Nähe, der aufsteigen will – und dafür noch ganz andere Dinge täte.

Morgens ist der **Chef** der erste im Betrieb und abends macht er als letzter das Licht aus. In der Zwischenzeit gibt er seiner »großen Familie« von Mitarbeitern viel – vor allem viel Arbeit. Daher auch die Bezeichnung »Arbeitgeber«.

Seine Kinder werden überhaupt nicht, seine Frau nur kaum durch seine Anwesenheit belästigt. Das kann seine Sekretärin nicht behaupten, wenn er sie über die Wechselsprechanlage zur Diktatur ins Chefbüro ruft oder sie auf Geschäftsreisen wegen der Kostendämpfung ein lauschiges Doppel mit ihm teilen muß.

Der **Klassische Chef** trägt außer der wichtigen Miene auch ständig und für jeden sichtbar die Verantwortung mit sich herum. Er ist nun mal der einzige im Unternehmen, der wirklich arbeitet. Aber **einer** muß das Geld für die faulen Gewerkschaftsquerulanten und das gierige Finanzamt ja verdienen – und das ist nunmal **er**, zumal er die meisten Sachen als einziger wirklich und vernünftig kann. Vor allem was die visionären Entscheidungen angeht.

Wer sich so rücksichtslos für andere aufopfert – ohne Wochenende, aber dafür Infarkt mit spätestens 49, und selbst im Schlaf immer nur Firma, Firma, Firma –, der darf sich auch die eine oder andere kleine Belohnung gönnen. Und doch tut er es nicht, sondern steckt alles gleich wieder selbstlos in den Betrieb, dessen Fuhrpark er um den neuesten 560er Benz erweitert.

Als Ehefrau braucht er eine repräsentative Person. Stammt sie aus reichem Haus, dann darf sie auch abstoßender als er aussehen. Ansonsten bevorzugt er das Modell »Dorfschönheit« – 20 Punkte Intelligenz- und Altersunterschied, aber trotzdem steuert ihn das vorgebliche Dummchen spätestens im vierten Monat.

56. Der Geschäftsführer / die Rechte Hand

Nicht auf allen Gebieten funkt der **Chef** diesem ewigen Zweiten dazwischen: Einzig und allein der Verantwortungsbereich des Vize ist und bleibt z.B. – unangefochten! – die Drecksarbeit.

Trotzdem findet der **Geschäftsführer** Zeit für seine privaten Interessen, beispielsweise Gruppensex, Rosenzucht, Züchtigung mit Rosen, Verkauf von Betriebsgeheimnissen, Schwängerung der Tochter des **Chefs**, Typ 55, Kollaboration mit dem Feind, Tennis etc. In keiner dieser Disziplinen bringt er es aber auch nur annähernd zur Meisterschaft seines **Chefs**.

Der **Geschäftsführer** eignet sich für Frauen, denen es Spaß bereitet, ihrem Schatz ständig vorzuhalten, er sei wohl immer der dumme August für jene schlaueren Männer, deren Anträge sie damals schwachsinnigerweise ausgeschlagen hatten. Und nicht genug damit: Der **Geschäftsführer** unternimmt nichts dagegen, außer Magengeschwüren als Weg[1]: »Kannst du nicht endlich mal damit aufhören, immer das Jackett anzuziehen, wenn dein Herrchen zur Tür reinkommt!?« Doch, hat er schon gewagt, neulich bei einer gemeinsamen Kundenbetreuung in der Thai-Sauna ... Aber das darf man wieder nicht sagen!

57. Der Junior-Chef

Für alles hat der alte Fuchs in seinem übererfüllten Geschäftsleben gesorgt, nur für eines nicht: Verhütungsmittel. Schade, denn längst ist der einstige Hosenmatz und Internatszögling im rasierfähigen Alter, während Papa kaum noch krauchen kann. Der **Junior-Chef**, ganz in den Generationswech-

1 ganz nach Thorwald Dethlefsen

seljahren, bemüht sich, das Unternehmen nach modernsten Erkenntnissen umzugestalten und sicher zu steuern – oft in die roten Zahlen, gelegentlich aber auch in den Ruin.

Er braucht also eine Frau, die über kurz oder lang ihn und das gemeinsame Reitpferd ernähren kann. Über sowas denken die Sekretärinnen nicht nach, die sich dem noch unverheirateten **Junior** willig an den syltbraunen Hals werfen.

Kluge Patriarchen wie der alte Herr Flick wissen das, sie flehen ihre Söhne an, den ehrenwerten Beruf des **Berufssohnes**, Typ 133, oder **Playboys**, Typ 134, auszuüben und die Geschäftsführung einem Klassenkameraden wie Ebi (von Brauchitsch) zu überlassen. Und wehe, der Sohn kommt auf die Schnapsidee, sich beweisen zu wollen . . . ! Da kann man Paps nur wünschen, daß er schon tot ist und sein Sarg wie angegossen sitzt, sodaß Drehungen im Grag nicht möglich sind.

58. Der Jungunternehmer / der Existenzgründer

»Lieber ein kleiner Chef als ein großer Knecht«, sagt sich der **Jungunternehmer**. Vier Jahre und drei persönliche Kollapse später sieht er die Sache differenzierter, aber nun will ihn niemand mehr als Knecht resozialisieren. Egal, er könnte in seinem restlichen Arbeitsleben (30 Jahre) die aufgenommenen Existenzgründungsdarlehn ohnehin nicht zurückzahlen, so billig sie auch gewesen sein mögen.

Der Jungunternehmer

Doch unter dieser schier ausweglosen Situation hat keine Frau zu leiden: Die letzte hat den **Jungunternehmer** schon in der Startphase verlassen, weil er sich aus beruflichen Gründen nicht nur geweigert hatte, mit ihr, sondern auch überhaupt zu schlafen. Keine Zeit – der kometenhafte Abstieg ging und geht noch immer vor! Seine Firma hatte also nie einen echten Grund zur Eifersucht.

59. Der Manager

Wie nah am Haupteingang liegt sein Parkplatz, wie groß ist sein Büro und in welchem Stockwerk befindet es sich? Hat er ein Vorzimmer, eine Sekretärin statt einer Schreibkraft, einen großen Dienst-Daimler oder einen noch größeren? Die Fragen der Rangordnung liegen dem **Manager** besonders am Herzen, weil er selbst nichts hat außer seinem Job, seinem astrologischen Gehalt und einem geschickten Mundwerk. Gerade das braucht er, denn er verdient sein Geld mit modernsten Methoden, also Mitarbeitern, die ihm glauben, daß er Verständnis für jeden einzelnen hat und »wir hier alle ein Team sind« – ohne Ozonloch im Betriebsklima.

Ständig versucht der **Manager** von wirklich besitzenden Männern, vor allem denen aus altem Geldadel, akzeptiert zu werden, aber diese Leute sind so exklusiv, wie er nur einkaufen kann. Das macht bitter.

Der heilige Eid, daß man mit 45 auf Rente gehen werde, wird aber nur vom **Aussteiger**, Typ 212, befolgt. Der normale **Manager** hört mit dem Rauchen auf, nachdem er das erste mal klinisch tot, aber doch wieder in den Arbeitsprozeß einzugliedern war (siehe auch **Zombie**, Typ 207).

60. Der Freiberufler

Welche Frau träumt nicht von einem schmucken Zahnarzt oder Notar; auch einen gutverdienenden Unternehmensberater und sogar einen echten Kreativen würde sie nehmen, wenn er nur bis hier oben hin mit Arbeit vollgeschüttet ist.

Natürlich ist es wahr, daß der **Freiberufler** nicht einmal einen Gott über sich hat, gerade noch die Berufungsinstanz des Oberfinanzgerichtes. Aber andererseits: Wollen Sie ständig Vorträge über sein ganz persönliches Erfolgsgeheimnis hören? Nicht bei einem Kontostand unter acht Mio.! Und die erreicht der **Freiberufler** nie ohne Ihre Hilfe.

61. Der Geschäftemacher

Auf undurchsichtige Weise verdient dieser **Insider**, Typ 243, die großen Scheine, die er mit einer Spange zusammenhält und immer sichtbar bei sich führt. Als verschlagener **Partylöwe**, Typ 35, trifft man ihn in den verschiedensten Unterhölzern auf der Pirsch nach Gelegenheiten. Aber seine Erfolgsgeheimnisse vertraut dieser Zauberer seiner Angebeteten nicht an, auch nicht, wenn sie Vorsitzende Richterin ist.

Der **Geschäftemacher** arbeitet mit Menschen, die ihr Geld, wie er auch, ohne Arbeit vervielfachen wollen, am liebsten mit Geschäften, die ... – »aber wenn **ich** sie nicht mache, dann macht sie ein anderer.« Und das wäre ein noch größerer Halunke, »da ist es immer noch besser, **ich** kassiere ab.« Auch global gesehen. Ach so.

So langt er im Sinne einer längst überfälligen Vermögensumschichtung ohne Dogma hin, wenn irgendwo in irgendeinem Umfang spekuliert, abgeschrieben, subventioniert wird oder Notlagen ausgenutzt werden können. Viele Fadenzieher hinter den Kulissen, grauen Eminenzen und aufgeschlossene Amtspersonen zählen zu seinem handverlesenen Freundeskreis und können an allem drehen, das so aussieht wie ein Glücksrad ohne Nieten. Der **Geschäftemacher** weiß längst: Geld stinkt nicht, auch nicht das schnelle.

Seien Sie als seine Partnerin darauf gefaßt, von einem Tag auf den anderen nach Südamerika umzuziehen. Auch dort soll es sehr schöne Flecken geben. Die Schweiz wäre Ihnen vielleicht lieber, aber die ist der intelligenten Minderheit unter den **Geschäftemachern** vorbehalten, die nur das Steuerrecht kreativ interpretiert.

62. Der Neureiche

Ständig versucht er zu beweisen, daß er kein typischer Emporkömmling ist, sondern Kultur und gediegene Lebensart in einer Art besitzt, wie man sie eigentlich nur von echten Gründergroßvätern ererben und dann nachträglich, nach alter Väter Sitte, verdienen kann. Um seine Seriosität zu unterstreichen, kauft der **Neureiche** grundsätzlich Traditionsmarken und gibt zu hohe Trinkgelder. Er profiliert sich als Gönner, Stifter und Mäzen – auch, weil er sein Gewissen beruhigen möchte, denn in Vollmondnächten kann er sich daran erinnern, wie er zu seinem Geld gekommen ist.

Weil er über noch weniger Geschmack verfügt als der durchschnittliche Mann ohnehin schon – also über gar keinen –, zieht es ihn zu aristokratisch wirkenden Beratern (meist vom **etwas anderen Ufer**, Typen 227 und 228). Die richten ihm die Wohnung oder eine Kunstsammlung ein – totschick und zum doppelten Spottpreis.

Aus Gründen der Gesundheit schleppt der **Neureiche** ständig einen Troß mit sich herum: Immer, wenn der Frust über die eigene Kulturlosigkeit in Depressionen auszuarten droht, nimmt er sich einen Kulturpinkel vor und macht ihn vor versammelter Mannschaft zur Sau. Während der guten Launen läßt er sich von denselben Nassauern lobpreisen, für was, ist ihm egal.

Demnächst setzt er sich zur Ruhe und widmet sich dann nur noch seinen anspruchsvollen Hobbys, für die er im Moment »leider viel zu wenig Zeit« hat.

63. Der Gemachte Mann

So mancher Frau bereitet es besonderen Spaß, mit einem Rentner zusammenzuleben, der noch nicht gebrechlich ist, obwohl er schon das 37ste Lebensjahr erreicht hat, und alles andere auch. So weit so gut.

Gelegentlich aber packt es den **Gemachten Mann**, es reißt ihn aus der luxuriösen Bequemlichkeit ins Abenteuer. Dann kriecht er in Badehosen und mit in Katmandu angehaltener Luft über den Himalaya, (**er**[1] aber ohne Fallschirm), baut aus Streichhölzern einen Zeppelin oder spekuliert mit Zero-Bonds herum, um ein erfrischendes bißchen Streß zu tanken. Manchmal tauscht er allerdings auch nur den Benz oder die aktuelle Frau gegen ein noch aktuelleres Modell ein.

1 und damit ganz anders als der **Extremsportler, Typ 51**

XI. MACHT- UND MACHER-TYPEN

Mit zupackender Initiative und Aktivität betört der Mann schon immer die staunende Frau, sein Publikum. Oft fehlt ihm dann die Zeit, um die Begattung auch auszuführen. Aber dafür wird er durch öffentliche Anerkennung und Macht entschädigt. Auch das finden Frauen ja sehr sexy, egal wie ihr Besitzer ansonsten aussieht.

64. Der Macher

Gleichzeitig telefoniert dieser Energiebolzen mit drei Personen und verzehrt nebenbei die Minipizza zum schwarzen Kaffee, während er obendrein hinterm Lenkrad oder auf der Brille sitzt und seinen inneren Druck abzubauen versucht.

Weil er jeden Leerlauf vermeidet und bis zu acht Sachen parallel erledigt, kommt er auf eine saisonbereinigte Gesamtlebenszeit von bis zu 168 Jahren, und dies, obwohl sein Name schon nach 52 Nominaljahren in irgendeine Ehrentafel gehauen wird, gleich nach seinem dauerhaften Herzstillstand.

In der Zeit davor packt der **Macher** unvorstellbar viel an und bringt manches fast zu Ende – wenn nicht, wie üblich, die Zeit nicht reicht oder plötzlich irgendwas doch noch einen Hauch wichtiger wird als der oberwichtige Rest.

Der **Macher** stellt dauernd Großes auf die Beine, auf die er zum Erstaunen der anderen danach wieder fällt. Macht doch nichts, wenn trotz Zweckoptimismus nicht alles **immer** klappt – **sein** Eigenkapital steckt selbstverständlich in seriösen Anlagen.

65. Die Führernatur

Der natürliche Führer hat nicht immer die besten Ideen, aber wenigstens sorgt er dafür, daß diese nicht mittendrin aufgegeben werden.

66. Der General[1]

Es gibt Situationen, da ist es aus verfahrenstechnischen Gründen nicht möglich, jede Entscheidung mit jedem durchzudiskutieren. Vor allem die Personen, die aufgrund ihrer geringeren Eignung zum Führen gehorchen müssen, würden ständig mauern. Gerade sie brauchen eine einfühlsame Erziehung zum nützlichen Gehorsam. Ist ja zu ihrem eigenen Guten.

67. Der Krisenmanager

Der scharfe Wind des Ausnahmezustandes weht ihm ins zweite Gesicht – Erdbeben, Wahl, Invasion von der Wega, Ehefrau kommt zu früh von Geschäftsreise zurück –, und schon ist er in seinem naßforschen Element.

Jetzt nur kein Kompetenzgerangel! Risikobereit übernimmt der **Krisenmanager** das Kommando und reißt das Ruder rum, während die **Experten**, Typ 231, wertvolle Zeit mit dem Abwägen von Gütern vergeuden. Er weiß, daß nachher alle auf ihm herumhacken werden – wenn er Pech hat und die Weltrettung nicht ganz so gelingt, er also nur retten konnte, was zu retten war. **Wenn**! Aber in jedem fünften Katastrophenfall kommt er durch mit den exotischen Ideen, die sonst nur für den Kriegsfall typisch sind. Nachträglich auf der Pressekonferenz sagt er: »Es bestand Entscheidungsbedarf!«, vor allem mußte was passieren, fast egal was. Er hat gehandelt, unter 5 atü Hochdruck, und das nennt man »Krisenmanagement«. In seiner Freizeit sammelt er Ehrenbürgerschaften und Orden sowie Anstecknadeln und Zeitungsausschnitte.

68. Der Feuerteufel

Brand selbst gelegt, selbst gemeldet, selbst bekämpft – und wiedermal verdient Held des Tages geworden!

69. Der Profi

Der **Profi** macht keine Fehler und hat keine, aber er hat eine Handschrift. Es staunt der Laie, und der Fachmann wundert sich: Wie haben die **Profis** beim damaligen Stand der Technik die Pyramiden gebaut? Im Falle des heute zeitgenössischen **Profis** werden sich dereinst Archäologen fragen: Wie konnte

---

1 Häufig verwechselt mit dem gleichnamigen Haushaltsreiniger.

ein Profi den GAU erst verhindern und dann, nach seinem Eintreten, so elegant reparieren? Allein mit seinen bloßen Händen und einem Bolzenschneider! So machen amtierende **Profis** ihre Frauen stolz.

70. Der Karrierist

Kampfgeist und Intrige trainiert der **Karrierist** im Privatleben, besonders natürlich, wenn er feststellen muß, daß seine Ellenbogenkünste und Gemeinheiten noch nicht so ausgefeilt sind, wie sie es hätten sein müssen, um ihn in der Firma so weit wie von Ihnen geplant nach vorn zu bringen.

Dabei tut er doch alles, damit er stolz auf sich sein kann und von anderen beneidet wird: Er hat sich den »richtigen« Leuten angeschlossen, und er erweist seinen Vorgesetzten jeden Dienst vom vielstrophigen Lobgesang bis zur wohlmeinenden Denuntiation. Ja, auch Lüge, Verrat und Gerücht webt er kunstfertig ein. Damit die **Chefs**, Typ 55, ihn schon jetzt für einen aus ihrem Holz halten, hat er einen etwas zu großen Wagen angezahlt und teilt nach ihrem Vorbild selbstlos Tritte aus – natürlich gegen sein Gefühl und nur nach unten.

Wäre er eine Frau, ginge er mit jedem ins Bett, der Einfluß hat. Als Mann bleibt ihm nichts übrig als zu bedauern, daß er keinen Chefinnen untersteht,

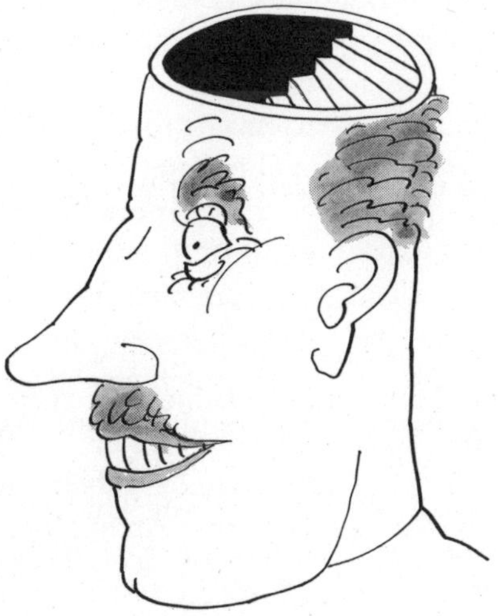

Der Karrierist

die aufgrund ihrer Figur in »Denver« mitspielen könnten. Etwas traurig macht ihn auch, daß ihm keine weiblichen Emporkömmlinge unterstellt sind, die er überreden könnte, das Angebot vom »Playboy« auszuschlagen, weil doch auch er eine Kamera besitzt.

Der **Karrierist** braucht eine vorzeigbare Lebensgefährtin, die er aber verlassen will, wenn sie verblüht ist oder ihm nicht weiter nützen kann. Sie kann ihn gegen seinen Willen halten, wenn er begreift: »**Ein** Anruf würde genügen, und nie wieder würdest du ...« Zur Verhinderung der an dieser Stelle üblichen Affekttat hat sie rechtzeitig Kopien bei einem Notar ihres Vertrauens hinterlegt.

Während des mühsamen Aufstiegs läßt sich der **Karrierist** leicht pflegen: Er hat selten Zeit, macht Versöhnungsgeschenke und ißt meist mit Geschäftsfreunden auswärts französisch oder in Gastronomiebetrieben, wo Französisch etwa DM 80 kostet, Salzstangen aber gratis zum Erdbeersekt gereicht werden. In seiner Freizeit treibt er mit noch wichtigeren Leuten diverse Modesportarten oder trifft sich auf Partys mit wichtigen Leuten und wird so selber wichtig. Möchte man da dabeisein?

71. Der Workoholic

Die Arbeit erspart dem **Workoholic** das anstrengende oder frustrierende Privatleben mit all den unlösbaren Konflikten und Ansprüchen von Menschen, die man lieben müßte, hätte man die Zeit dazu.

Das schönste am totalen Arbeitseinsatz für eine »Große Aufgabe« ist, daß diese ständig wächst – manchem über den Kopf und er dabei über sich hinaus. Wenn's eng wird, nimmt sich der **Workoholic** eben ein bißchen Arbeit mit nach Hause oder übernachtet im Büro. Muß sein, denn der Termin ... – und kein anderer könnte auch nur annähernd so gut ... Der **Workoholic** ist unaustauschbar, schon weil sein Chef weit und breit niemanden finden würde, der so willig und billig Sonderschichten einlegt.

Nur verlieben sollte man sich in ihn nicht, weil das ja zwangsläufig zum Versuch einer Heilung und damit zum Verlust dieses Gutverdieners, wenigstens aber seines Einkommens führen würde. Und wer weiß, wen Sie kennenlernen würden, wenn er plötzlich genügend Freizeit hätte, von Ihnen kennengelernt zu werden! Wahrscheinlich seinen inneren Schweinehund und gähnende Leere, diese häufigste innere Hundehütte.

72. Der Yuppie

Der **Yuppie** hat keine Berührungsängste mit allem, was man (und sogar er) früher aus modischen Gründen ablehnen mußte: dicker Wagen, Ausbeutung, Überbezahlung, Edelnutten, Krawatte, Rolex, Volksverdummung, Kunststoff und alles, was andere irrtümlich schon mit Luxus verwechseln. Wie er das macht? Er »durchschaut das Spiel« und darf zur Belohnung mitmachen – mittendrin, aber distanziert und natürlich zynisch bis ironisch oder umgekehrt. Auf alle Fälle aber jenseits von Gut und Böse, also 5000 netto, was nicht heißen muß, daß man nicht mehr im Bioladen kauft, im Gegenteil – bei **den** Preisen.

Wer so urban und professionell schon in jungen Jahren ist, der hat's auch verdient, viel zu verdienen, in einem Modeberuf und immer top in Schale. Aber wohin mit der Kohle? Sein Steuerberater, den er nicht oft genug erwähnen kann, hat ihm zum Kauf eines ausgebauten Dachgeschosses geraten – steuerlich als »Einfamilienhaus« nach 7 b abzuschreiben, und wenn der **Yuppie** auf Bali surft, kann er ans ZDF vermieten. Die drehen dann eine Derrick-Episode zwischen Freischwinger, Duschbild von Fetting und Mac von Apple – Tappert räumt auf im Stil von Miami Vice.

Schade, daß der **Yuppie** vor lauter Arbeit und Freizeit nicht die Zeit hat, die vielen schönen, beeindruckenden und teuren Anschaffungen seines Haushaltes häufiger als gelegendlich, im wachen Zustand zu genießen. Jedenfalls nicht, wenn er nicht lernt, mit seinem Koks hauszuhalten.

Der bundesdeutsche **Yuppie** unterscheidet sich übrigens vom Original-US-**Yuppie** ganz erheblich: Drüben meint der Begriff gut ausgebildete Streber aus guten Familien, die besonders im Bankgeschäft als angestellte Spekulanten Riesenprovisionen abstauben konnten. Der BRD-**Yuppie** hingegen sieht vor allem gepflegt aus und hat geerbt – ein gealterter Popper.

73. Der Meinungsmacher

Hektisch durchreist er die Welt auf der Suche nach Meinungen, mit denen man die Konsumenten noch verblüffen könnte. Echte **Macher**, Typ 64, versuchen, diesen anmaßenden Wicht aus der Unterhaltungsbranche nicht unangenehm spüren zu lassen, daß er in ihren Augen eine **Null, Typ 188,** ist. Warum? Wenn der **Meinungsmacher** sie mag, steigt das Einkommen der **Macher** noch mehr, als wenn er sie nicht mag. Am schlimmsten ist natürlich, wenn er sie gar nicht erwähnt.

74. Der Modemacher

Jeder Mann, der schon mal bei Hertie einen Stoff ausgesucht und seiner Freundin erklärt hat, was sie ihm daraus machen soll.

75. Der Kulturschaffende

Für eine Frau ist es schon eine super Sache, wenn sie dem **Kulturschaffenden** über die Schulter sehen darf, wie er da nach innerem und fotogenem Ringen pure Hochkultur aus puren Subventionen formt, um danach noch mehr Subventionen für eine Wiederholung dieses Zaubertricks zu bekommen.

Nach diesem Arbeitsprinzip schafft der **Kulturschaffende** in Film, Kunst[1], Literatur, Musik oder Theater sein wichtiges und immer gleiches Werk und verzückt ein Weltpublikum, das 15 – 200 Köpfe umfaßt, je nach Größe des eigenen Freundeskreises, also Qualität der letzten Party-Buffets.

Schade, daß das Patentamt in München alle Einsendungen ungeprüft zurückgehen läßt, die von sich behaupten, ein Perpetuum Mobile zu enthalten. Ein Patent würde dem **Kulturschaffenden** noch gefallen, alle anderen Preise hat er sich vom Kollegenkreis schon verleihen lassen.

1 Die Erfindung der Berufsbezeichnung »Macher« verdanken wir einem Menschen, der in München Müll auf Kreuzungen schütten ließ, um als **Künstler, Typ 247,** zu gelten: dem unsterblichen HA »ha-Kicher-Kicher« Schult. Und ganz in seiner Tradition nennt sich heute jeder ruhminteressierte Müllproduzent Ausstellungs-**Macher**, Theater-**Macher**, Filme-**Macher** etc. Nur der Schriftsteller hat es schwer, weil der Beruf des Buch-**Machers** schon negativ besetzt ist.

XII. PRAKTIKER

Alle **Praktiker** sind verbunden in einer Ablehnung des Überflüssigen, also der grauen Theorie. Wort und Schrift liegen ihnen nicht so sehr wie die Tat. Eigentlich sogar überhaupt nicht. Dafür kennen sie in jeder Lebenslage die optimale Abkürzung, die gern auch auf den ersten Blick verschlungen wirken darf.

Frauen und Schwätzer verdanken ihre erstaunlich hohe Lebenserwartung dem selbstlosen Wirken der **Praktiker** für die Allgemeinheit der Unfähigen und Parasiten – die aber dank schmutziger Tricks ihre Weltherrschaft nicht aus den Fingern geben.

An sich müßte man dieser Sorte Mann schon beim Kennenlernen dankbar sein. Unter anderem deswegen kommt ein solcher Typ nicht so blendend mit der Akademikerin aus, auch natürlich, weil sie immer schlau quatscht, und zwar Blödsinn, und außerdem im Bett mit ihm nichts anfangen kann. Obwohl – der Gattungsname ist Programm – der **Praktiker** doch etliche Praktiken in- und auswendig kennt.

76. Der Bastler

Daß die Menschheit nicht längst ausgestorben ist, verdanken wir der Laune der Natur, immer wieder mal ein paar männliche Mutationen in die Mutterkuchen zu streuen, deren **Bastler**-Gene nicht fehlerfrei funktionieren. Ein Glück, kann man da nur sagen, denn der Ur-Mann als solcher ist eigentlich **Bastler** – und daher nicht fortpflanzungsfähig: weil er sich statt der Paarung ständig interessanteren technischen Themen zuwenden **muß**, nicht immer zwanghaft.

77. Der Gelernte Handwerker

Zu welch übermenschlichen Leistungen ein Mann in Extremsituationen fähig ist, hat der **Gelernte Handwerker** schon bei der Kachelung so mancher Dusche bewiesen. Weniger bekannt dürfte sein, daß die gesamte Erde gerettet, alle Menschheits- und sonstigen Probleme längst gelöst sein könnten, ließe man den **Gelernten Handwerker** nur die vollständige Ausrüstung aus der großen »Zarges«-Box holen und ihn – gelernt ist gelernt – sein Lieblings-Spezialwerkzeug anwenden: den kerngesunden Menschenverstand. Und wenn **dann** noch die Metabo und seine jahrhundertelange Erfahrung dazukommen . . . !

Der **Gelernte Handwerker** kann nicht nur alles, er macht es auch am liebsten gleich allein, weil er nur so dem Milliardenheer der Idioten nicht ständig die selbstverständlichsten Selbstverständlichkeiten erklären muß.

Bei aller Liebe zum Soliden votiert ein **Gelernter Handwerker** nur in Ausnahmefällen für die 150%ige Lösung, und nur, wenn es unbedingt sein **muß**. Normalerweise bevorzugt er das 1000%ige, gerade da, wo der **Pfuscher**, Typ 81, den Taschenrechner zückt, um irgendwelche **Mindest**werte zu errechnen, wenn er nicht gleich frei Schnauze **klebt** wie das **Improvisationstalent**, Typ 80. Ein **Gelernter Handwerker** klebt nie, außer fürs Alter oder wenn er für Kunden arbeitet.

78. Der Heimwerker

Dieser besonders ausdauernde Katalog-Leser wollte irgendwann einmal unabhängig sein vom Pfusch der **Gelernten Handwerker**, Typ 77. Er hat es geschafft: Ganz allein macht er jetzt seinen Pfusch.

Doch nicht nur für sich selbst, auch für andere baut, installiert oder repariert er aus Leidenschaft auch dort, wo es weder nötig noch möglich ist. Seine zwanghafte Neigung, sich im Bekanntenkreis als helfender Engel unentbehrlich zu machen, können Sie als seine Frau in die Kulturform der Schwarzarbeit umwandeln. Da kommt ein sehr schönes Geld zusammen. Leider wendet der **Heimwerker** nun eine besondere Spielart der rein wirtschaftlichen Vernunft an, die männliche Logik: Alle Einnahmen werden sofort in sensationelle Zusatzaufsätze für die Metabo-Profiserie investiert, immer nach der Formel »pro Handgriff eine Maschine« mit griffsympathischem Handgriff – gerade bei Handgriffen, die bis zu einmal pro Leben vorkommen.

Aber es gibt eine Entschädigung: Ist doch gleich ein ganz anderes Lebensgefühl, wenn von der urgemütlichen Kellerbar auf dem Speicher bis zur handgedrechselten Satellitenantenne im Keller alles selber gemacht ist! Fremde Hilfe wird in einem solchen Haushalt nie gebraucht, höchstens wenn sich eine einmal vom **Heimwerker** angefangene Aufgabe nach vier Monaten nicht selbst erledigt hat, man aber das Bad doch ganz gern wieder benutzen würde.

79. Der Zerleger

Bescheiden und intellektuell wie er ist, reicht es dem **Zerleger**, durch konzentriertes Auseinandernehmen das Problem begriffen zu haben und dessen Lösung auf abstrakt mathematischem Wege an der Tafel herleiten zu können. Fürs Wegschmeißen sind bereits andere zuständig, die aber warten sollten, bis etwas Rost über die Sache gewachsen ist und der **Zerleger** vor lauter Begeisterung für die fehlerhaften Innereien eines anderen Maschinchens den defekten »Krups 3-Mix« komplett vergessen hat. Sonst denkt er am Ende, man traue ihm die Reparatur nicht zu und versagt noch häufiger im Bett als vorher oder der »3-Mix« mit dem Massageaufsatz.

Entscheiden Sie sich noch heute für einen **Zerleger**, wenn Sie schon immer mal wissen wollten, wie Ihre Gerätschaften von innen aussehen, Sie neulich von allen wesentlichen Apparaten zwei oder drei Expemplare geschenkt bekommen haben und diese Sicherungskopien in einem feuersicheren Tresor aufbewahrt werden.

Untersagen Sie Ihrem **Zerleger** alle Arbeiten, die nur staatlich geprüften Chirurgen vorbehalten bleiben sollten. Gönnen Sie ihm aber die »Reparatur« wichtiger Installationen zu Haus, sofern Sie über einen Sommersitz oder eine andere Ausweichwohnung verfügen.

Der Zerleger

80. Das Improvisationstalent

So mancher Störfall in führenden Kernkraftwerken **ließe** sich mit ein paar gezielten Schlägen beheben. Nur kommen muß man erstmal drauf, wie vielfältig ein Nagel-Knipser eingesetzt werden kann! Und genau das tut das **Improvisationstalent**, jener Mann, der beim matten Schein seiner verbrennenden Schnürsenkel aus artfremden Rohstoffen im Handumdrehen Produkte fertigt, die es mit dem Industriestandard aufnehmen können. Nur aus geschmacklichen Gründen weigert er sich, aus Scheiße Geld zu machen. Manche sagen: Die Scheiße braucht er noch, nämlich zum Erzählen. Mag sein...

Seine vorläufigen Endlösungen erweisen sich als erstaunlich haltbar. Er wird sie trotzdem durch bombensichere Varianten ersetzten – eines Tages, aber noch kurz vor Ablauf der Halbwertzeit. Dann endlich wird zur Wohnung die Baustelle, die vorher eine Wohnung war.

81. Der Pfuscher

Schade, daß Sie nicht verstehen, worum es geht. Sonst könnten Sie seine Erklärungen verstehen, wenn etwas nicht geht, obwohl er es in Arbeit hatte. Merken Sie sich deshalb schon hier: Es lag nicht an ihm. Und: Der gute Wille war da. Steigerungsform: **Kurpfuscher**.

82. Der Erfinder

Mit Hingabe kümmert er sich um Menschheitsprobleme, die der Mensch teilweise seit Generationen übersehen hat, z.B. weil es sie gar nicht existieren. Aber man kann ja auch **erst** erfinden, und **dann** das passende Problem zur Erfindung ausdenken – erst den Dübel, dann das Loch.

Den **Erfinder** treibt eine ständige Unruhe um, eine trotzige Unzufriedenheit mit allem, das zwar auf den ersten Blick funktioniert, aber eben doch nicht von ihm erfunden worden ist. Aus dieser Perspektive betrachtet sind auch scheinbar so vollkommene Erfindungen wie das Rad oder die Hollywoodschaukel noch verbesserungswürdig. Und genau daran arbeitet er im Hobbykeller und – ohne Auftrag – am Arbeitsplatz.

Meist findet eine gewisse Spezialisierung statt, z.B. auf dem Sektor der automatischen Eierschäler. Gerade die Forschung in dieser Richtung wird ja seit Jahren systematisch unterdrückt. Daher muß der **Erfinder** im täglichen Leben eine Vielzahl von Sicherheitsvorkehrungen treffen, denn jeder Spaziergänger könnte ein Spion, wenn nicht Killer sein, der im Kundenauftrag der Siemens AG bahnbrechende Forschungen durch gezielte Schnapp- oder Schrotschüsse verhüten will. Dabei hatte der **Erfinder** dem Technologiegiganten doch schon vor langer Zeit das Weltpatent auf seine Elektrogravitations-Kraftmaschine »Tesla IV« angeboten. Aber die arrogante Weltfirma glaubt ja, aufs Perpetuum Mobile verzichten zu können – zum Nachteil der Menschheit mit ihren dringenden Eierschälproblemen.

83. Der Elektronikbastler

Welche überaus praktischen elektronischen Lebenshilfen kann man in einer Streichholzschachtel unterbringen! Schnell ist die Platine mit ca. genau 302 Bauteilen bestückt und verlötet – kaum zwei Wochen Aufwand, und gegenüber dem Fertiggerät satte 25 Mark gespart!

Solche Werte ziehen lichtscheues Gesindel an. Überall installiert der **Elektronikbastler** daher Alarmanlagen, auch zum Schutz seiner Sammlung ausgeschlachteter Widerstände und ICs samt Sockeln. Doch statt endlich durchzuschlafen, findet er gar keine Nachtruhe mehr: Seine Bewegungsmelder weisen ihn und die Nachbarschaft durch Kojak-Sirene auf vorbeifliegende Motten hin, die aber nur selten einbrechen und nicht mal den fast wieder zusammengebauten VHS-Rekorder klauen.

84. Der Hacker / der Computerfreak

Von Tschibo stammt die Digitaluhr, mit der sich dieser Mann darüber informiert, ob es schon Nacht genug ist, um die Vorhänge aufziehen und die Monitore trotzdem vernünftig ablesen zu können. Man möchte die Arbeit nicht mittendrin unterbrechen, nur weil man seit 41 Stunden nichts gegessen und vorletzten Donnerstag das letzte Mal geschlafen hat. Na und? Nicht-**Hacker** tun gerade so, als lohne es sich, die Wohnung zu verlassen.

Draußen ist doch nichts los! Zwischen seinen vielen Originalkartons erlebt der **Hacker** wilde Abenteuer mit Head-Crashes und Mailbox-Viren, er rettet Sektoren und kämpft MS-DOS nieder, diesen vollverblödeten, primitiven Riesen. Natürlich ersetzt der spannende Dialog mit dem Rechner nie das herzliche Gespräch mit anderen Menschen – über die Beuchmark-Werte des neuen 386ers, die Wunder des NeXT und andere theologische Fangfragen. Bei Frauen kommt der **Hacker** nicht so gut an, außer bei denen aus dem Fachhandel, die schon auf der philippinischen Mutterinsel von sensiblen Vermittlern gesagt bekommen haben, daß man einen deutschen Mann nicht verstehen **kann**.

XIII. EINSAM LIEBENDE MÄNNER

Seine Selbstversuche mit Frauen haben ergeben, daß die Frau mit seiner Liebe nichts anfangen kann. Außerdem fragt sich ein jeder **Einsam Liebende Mann**: Was gibt es an einer Frau überhaupt zu lieben? Eine Frau macht ständig Ärger, denkt wie eine Frau – also im besten Fall mit weiblicher Logik, meist aber gar nicht – und produziert nur Streß. Sie ist ungeeignet für den **Einsam Liebenden Mann**, der sich sogar von Männern unverstanden und daher zum Einzelgang verurteilt sieht.

85. Der fanatische Amateur

Alle raten ihm schon seit Ewigkeiten, er solle doch endlich Geld machen mit seinen filigranen Tiffany-Lampen oder seinen wunderschönen Fotos. Er winkt bescheiden ab und tut verlegen. Tief im Innern ist er aber aufgewühlt: Er findet ja auch, daß er seit Jahren reich und berühmt sein müßte, und er hat selbstverständlich schon unzählige Male versucht, ins Profilager zu wechseln, wo doch etliche einen Namen haben, die ihm eigentlich nicht das Wasser reichen können. Aber die arroganten Ignoranten da oben haben ihm lächelnd »Talent« bescheinigt, und wenn er noch ein bißchen üben würde . . .

86. Der Nicht Besonders Kultivierte Sammler

Es ist schön, wenn man alle Tassen im Schrank hat – alle, die Hutschenreuther je rausgebracht hat. Aber auch jede andere Vollständigkeit erzeugt ein der Fleischeslust überlegenes erotisches Kribbeln. Die traumatische Kindheit kann also ebensogut durch Hortung von sämtlichen weltweit jemals hergestellten Orangeneinwickelpapierchen wie mit der von Polizeidienstmützen bewältigt werden. Auch sie eignen sich ja zum Ordnen, Streicheln, Liebkosen und zum einfühlsamen Zwiegespräch.

87. Der Hamster

Er hebt alles auf, was er aufhebt, nachts aus Containern zieht oder kopfschüttelnden Überflußgesellschaftern abschwatzt. So vieles ist zu schade zum Wegschmeißen! Erstmal einlagern. Wer weiß, wofür man es mal brauchen kann. Alle schmunzeln über diesen **Wunderling**, Typ 20. Und peng – kaum werden die Zeiten schlechter, schon stehen sie alle bei ihm Schlange.

Gerade samstags ist die Bekanntschaft mit dem **Hamster** praktisch: Er hat alles, was man gerade braucht, aber in keiner Tankstelle kaufen kann. Und Sonntag gegen 20 Uhr findet er es oft.

88. Der Waffenfan

Natürlich sehen sie gut aus, wie sie da gekreuzt an der Wand hängen. Gelegentlich nimmt man seine Waffen herunter (etwa zwei- bis dreimal täglich reicht oft), weil sie zerlegt und von den hartnäckigen Ablagerungen des Nichtgebrauches gereinigt werden müssen. Dann wird man sie ohne Munition auf Phantasiegegner im Wohnzimmer richten und mehrfach gnadenlos abdrücken. Das flexible Sprechorgan des **Waffenfans** formt parallel dazu täuschend echte Geräusche wie z.B.: »Peng, peng, peng!« oder auch »Rattatattata ta ta!«

Noch schöner ist es natürlich, so einen Handschmeichler geladen in der Hose stecken zu haben und zu wissen, daß man Herr über Leben und Tod, also der Lage ist. Eigentlich schade, daß gerade das Säbeltragen so aus der Mode gekommen ist, obwohl sich doch auch die Blankwaffe zur Herstellung von Ruhe und Ordnung eignet.

Etwas langweilig kann im Leben des **Waffenfans** das lästige Warten auf eine Gelegenheit zur Notwehr werden, und leider fehlt oft das Geld für Reisen in vielversprechende Urlaubsgebiete wie Nicaragua, Miami, Beirut, New York etc. Tja, die Kunst der Provokation sollte man schon beherrschen, wenn man vor der eigenen Haustür etwas erleben will.

89. Der Jäger

Überfüllte Forsten – leere Wände! Da greift der **Jäger** zum Korrektiv der Langwaffe, und schon bald lächeln ihn überzählige Stücke dankbar und ausgestopft im Wohnzimmer an.

Statt sich angewidert von diesem Heger und Pfleger im Dienste des Naturschutzes abzuwenden, sollten Frauen froh sein: Der **Jäger** hat Geld und sich schon weitgehend abreagiert, wenn er sich mit der Intimpartnerin und Schulkindern beschäftigt.

Was heißt hier unmenschlich? Ein wahrer **Jäger** geht sensibel vor: Er verpaßt dem Goldfisch mit der Flossenfäule einen waidgerechten Gnadenschuß, aufgesetzt und zwischen die Lichter, wo andere Männer voller Ekel ihre Frau die Klospülung ziehen und den geliebten Zierfisch einen qualvollen Tod in den dunklen Tiefen der Kanalisation sterben lassen.

90. Der Autonarr

Job, Familie, Sex – lang ist die Liste der lästigen Fahrtunterbrechungen. Aber **wenn** ein **Autonarr** schon nicht fährt, dann möchte er doch wenigstens an den intimsten Teilen seines Fahrzeuges herumoptimieren – es gibt keinen Manta, der nicht mit einem zusätzlichen Artikel aus der Tuning-Forschung noch verbessert werden könnte, auch von der Optik her und soundmäßig. Vor lauter Spoiler-Aufkleben bleibt dem **Autonarren** kaum noch Zeit für die wichtigen Dinge des Lebens: Autowaschen, Autowachsen und Autopolieren. Trotzdem findet er irgendwie auch hierfür noch die notwendigen Doppelstunden, weil es lohnt: In spätestens 30 Jahren ist der geliebte 78er Manta ein gesuchter Oldie und unbezahlbar.

Für die vielen Entbehrungen im Alltag entschädigt ihn bereits heute reichlich der direkte Vergleich an der Ampel oder in der Parklücke: **Sein** Manta ist einfach geiler als die Peinlichkeit, die da irgend so ein **Spinner**, Typ 218, mit quietschenden Walzen rückwärts einparkt – auch wenn's ebenfalls ein tiefergelegter Manta ist.

Der Autonarr

Und wie er fahren kann! Er läßt **jeden** stehen, egal, wie wenig er getrunken hat. Sein Führerschein ist übrigens auch dann nicht in Gefahr, wenn sich der **Autonarr** eine Sondergenehmigung hinsichtlich der Mindestgeschwindigkeit erteilt oder vollgetankt fährt, schließlich kennt er Strecken, die auf den Landkarten der Polizeidirektion nicht verzeichnet sind und sich aufgrund ihres spezifischen Verlaufs als Herausforderung ans fahrerische Können besonders aufdrängen. Schon während der ersten engagierten Fahrt vorbei am Spalier der staunenden Neider lernt die technisch bisher uninteressierte Beifahrerin, daß die eingebaute Vorfahrt zwar nur bei Mercedes serienmäßig ist, beim Manta aber nachgerüstet werden kann.

Politik interessiert den **Autonarren** nur da, wo es um die Beschneidung der Grundrechte auf Vollgas und billigen Sprit geht. Für den internationalen Terrorismus entwickelt er allerdings mit jedem TÜV-Termin mehr Verständnis.

91. Der Tierfreund

Man muß gar nicht erst von Menschen oder Frauen enttäuscht worden sein, um sich in Liebesdingen an das Tier wenden zu wollen. Ein bißchen Nachdenken reicht doch, um die grundsätzliche Überlegenheit der Beziehung Mann-Tier gegenüber Mann-Frau und sogar Mann-Mann zu verstehen: Wenn man die Lust an einem Tier verliert, läßt man es einfach einschläfern und kauft sich ein neues. Kleinere Tiere können natürlich auch im Klo heruntergespült (siehe **Jäger**, Typ 89) und größere auf Autobahnraststätten ausgesetzt werden – auch diese Techniken kann man bei der Frau nur unter Umständen erfolgreich anwenden.

Da entscheidet man sich gern für flauschige Hamster, Katzen oder Mastinos. Doch auch weniger modische Haustiere finden beim überzeugten **Tierfreund** ein glückliches Zuhause. Fast alle tierlieben Männer züchten auch Hausmilben und deren Feinde, die Silberfischchen, dazu Maden und Würmer diverser Insekten in Kochtöpfen und auf alten Früchten, Bakterien in der Badewanne und alles andere, was beim Berühren von Müllbeuteln angstvoll von einem reichgedeckten Tisch wegflattert.

92. Der Hundehalter

Was tut ein Mann, wenn er sich gern naß ablecken läßt, nachdem er Erziehungsspiele mit Halsband und Peitsche ...? Er wird zum aktiven Hundefreund. Der in Treuedingen immer noch unerreichte Hund macht alles mit, **nur** er versteht und akzeptiert alle Neigungen und Launen seines Herrchens – jedenfalls seinem intelligenten Blick nach zu schließen. Auch redet er keinen Stuß. Außerdem haben gerade Rüden ein vorbildliches Verhältnis zum Sex.

93. Der Fischhalter

Für ein Stück heiler, unberührter Natur entscheidet sich der Aquarist, auch wenn das Biotop im Wohnzimmer ein wenig riecht. Er selbst riecht nichts, denn er riecht ja selbst. Auch ansonsten haben wir einen besonders männlichen Mann vor uns: einen Voyeur, der aufs Streicheln gern verzichtet.

94. Der Katzenhalter

Der **Softie**, Typ 180, der nicht weiß, ob er nicht doch mit Männern mehr oder mit Sex überhaupt nichts anfangen kann, erfand irgendwann einmal die Hauskatze, die nun vielfach auch von Neurotikern und Frauen gehalten wird. Sie ist dem Herrenhandtäschchen nicht unähnlich. Streu sollte häufiger ausgetauscht werden, als dies in der Natur des heterosexuellen Mannes liegt!

95. Der Wichser

Viele Männer belästigen Frauen ohne Ansehen von Alter, Hautfarbe oder Geschlecht mit ihren sexuellen Besessenheiten, sie verlangen die widerlichsten Dinge, Posen und Ritual-Handlungen vom schwachen Geschlecht. Nur der **Wichser** meint es wirklich ganz ernst mit seinem Beitrag zur Befreiung der Frau: Anstatt eine Frau persönlich als Objekt seiner Wünsche aufs egoistischste zu mißbrauchen, erledigt er die Sache mit dem Sex ganz allein – zu Hause, im Büro, kurz mal zwischendurch auf der Toilette oder in eigens dafür entwickelten Kabinen. Dort befolgt er alle Anweisungen von André Heller, was das Fliegenlassen und Treibenlassen der Fantasie betrifft.

Sehnenscheidenentzündungen (Tennisarm) kommen vor, aber das Gewissen ist entlastet, und obendrein muß der **Wichser** nach dem Kommen nicht stundenlang und weilig romantischen Unsinn erzählen oder anhören, sondern kann umgehend einen weniger jugendgefährdenden Unterhaltungsfilm in den Rekorder legen, während die verlorene Flüssigkeit erstaunlich rasch und vergleichsweise rückstandsarm an Taschentuch, Haaren, Bett- oder Unterwäsche trocknet – wenn er sie nicht zu wohlschmeckend dazu fand.

Wer so regelmäßig seinen Druck abläßt, tritt Frauen entspannt gegenüber. **Zu** entspannt, meinen manche Damen. Sie bezichtigen den **Wichser** mangelnder Manneskraft, weil sie sich nicht vorstellen können, daß sie einfach nicht attraktiv genug für einen Mann sind, der sich ständig mit ästhetisch hochstehenden Abbildungen anderer Frauen beschäftigt. Hier muß auch einmal eine ketzerische Frage erlaubt sein: Hat nicht sogar der Mann ein Recht darauf, anspruchsvoll zu sein?

Noch ein weiteres Frauenproblem bedrückt den **Wichser**: Mit der Zeit wird es immer schwierger, die schnell wachsende Mediothek an einer Stelle unterzubringen, wo sie beim Saubermachen nicht zufällig gefunden werden kann.

96. Der Hirnwichser

Dieser Typ ist zu verklemmt für die Benutzung von Pornografie, er entscheidet sich daher für Wim Wenders oder Bibelforschung. Dabei tarnt er sich gern als **Kenner**, Typ 229, **Ästhet**, Typ 241, oder Kulturmensch ganz allgemein. Oft weiß er nichts von seiner gefährlichen Erkrankung, bei der es leider kein Frühstadium gibt.

XIV. HORDEN-MÄNNER

Eigentlich ist der Mann nicht für die Frau, sondern für den anderen Mann geschaffen. Für die Frau spricht zwar das Körperliche: die geschlechtliche Vereinigung, Saubermachen, Kochen, die Paarung und schließlich auch noch Sex. Aber Verständnis für einen Mann hat nur ein anderer Mann, auch, weil der Mann von seiner Natur her eben mehr fürs Denken angelegt ist.

So fühlt sich der Mann noch wohler als in jedem anderen im warmen Schoß der Herde gleichartiger Männer, die auch kein Deo gegen den Stallgeruch nehmen – im Gegenteil.

Frauen mißverstehen – wie so oft – dieses Verhalten des Mannes. Nur weil sie ständig ausgeschlossen und alleingelassen werden, schlußfolgern sie, es handele sich hier wohl um einen stummen Vorwurf. Falsch. Der Mann folgt nur dem Ruf der Natur. Die Frau horcht noch . . .

97. Der Kumpel

Er kennt jeden, grüßt jeden und duzt jeden. Aber nur für wirklich dufte **Kumpels** ist er auch immer da, egal, ob man ihn braucht.

Früher hat sich der **Kumpel** seine Freizeit mit gemeinschaftlichem Pferdediebstahl vertrieben, heute sind seine Haupteinsatzgebiete Renovierung und Umzug sowie alle Hilfeleistungen, für die jeder bekennende **Heimwerker**, Typ 78, überqualifiziert ist. Hier packt der **Kumpel** kraftvoll an, und unvermeidlich entstehen immer Kratzer, Dellen oder Schleifspuren – aber gutgemeinte.

Seine eigentliche Stärke ist das Leihwesen. Weil er selbst alles verliehen hat (auch das, was er sich geliehen hatte), muß er sich ständig etwas leihen. Wenn er dann Geld, Video, Frauen, Werkzeug oder Auto wenige Jahrzehnte später nicht **ganz** fristgerecht zurückgibt, trifft ihn also selbst keine Schuld. Außerdem kann man nun unbesorgt in die Zukunft sehen, denn der **Kumpel** sagt: »Du, Tschulljung, aber jetzt hast du echt einen gut bei mir!«

98. Der Beste Freund

Das ist der **Kumpel**, mit dem man über **alles** reden kann, nicht nur über Autos, sondern auch über Motorräder. Ihm gefällt es, Vertrauensperson zu sein. Daher gibt er besonders gern kluge Ratschläge, gerade in Beziehungsdingen. Meist rät er zur Trennung, weil er auf die dann freiwerdende Frau scharf ist.

99. Der Kamerad

Bereits im Sandkasten bewährt sich der **Kamerad** mehrfach als Lebensretter (vor allem bei plötzlich auftretenden Sandallergien oder Sandvergiftungen), und auch die Stellung im Kanzleramt verdankt so mancher Halbversager einem alten Schul**kameraden**, der es vermittels der Nordwestdeutschen Klassenlotterie oder Hoechst AG zum Kanzler gebracht hat.

Man schuldet dem **Kameraden** immer noch den ganz, ganz großen Gefallen, und genau so beginnt eine lange Reihe Kurzweiliger Kriminalromane.

100. Der Kollege

Besonders solidarisch setzt sich dieser wackere Werktätige im Stammbetrieb ein. Er ist organisiert und organisiert – auch die Sachen, die niet- und nagelfest zu sein scheinen.

Mit den anderen **Kollegen** seines Kollektivs ist er darin einig, daß auch durch Schwatz und Sprit am Arbeitsplatz die unsittlichen Profite des ausbeuterischen Kapitals sozialisiert werden können. Der Kampf geht weiter, morgen, aber natürlich nicht pünktlich ...

101. Der Vereinsmeier

Die Salmler des Amazonas, Skat, der Demokratische Sozialismus, Kegeln – der Mann braucht einen Grund, um zu fortschrittlicher Stunde er selbst zu sein – Frauen sprechen von Primitivität, aber sie werden erst nach der Veranstaltung gehört, wenn sie in ihrem Verantwortungsbereich die Sprache des Verkehrsverweigerung oder des Nudelholzes sprechen.

Der **Vereinsmeier** begibt sich ins Vereinslokal, wo er sich für die gemeinsame Sache erhitzt und den primären Kühlkreislauf mit Bier befüllt. Einer führt die Kasse, einer das Protokoll – der Rest das ganz große Wort, auch um den Vorstand zu entlasten, der schwer zu tragen hat an Ehrenamt und Ehrenzeichen.

Vereinsziel: Förderung der Kultur. Das ist wichtig. Strategien werden ausgedacht, hochkulturelle Trinkabende geplant. Der Frau daheim am Bildschirm sagt der **Vereinsmeier** nach jeder Sitzung: »Spaß? Spaß macht mir das wirklich nicht!« Warum er den Verein nicht verläßt, fragt sie ihn und bemüht sich, seiner Fahne auszuweichen. Leider **muß** er Mitglied sein, schon wegen der Kunden, der Karriere, des Ansehens usw. Sie hat ihn fast ausgezogen, da schläft er bereits.

Der Vereinsmeier

102. Der Stammtischbruder

»Wenn ich was zu sagen hätte . . . « – Pech für die Welt, daß er nicht hat – außer natürlich in seinem Herrschaftsbereich zu Hause, wo er der eigenen Familie deshalb so eine Art Paradies geschaffen hat, auch wenn es von diesen **Parasiten**, Typ 195, noch keiner gemerkt hat.

Am Stammtisch produziert der **Stammtischbruder** Patentlösungen zu allen Menschheitsfragen von Belang, am laufenden Fließband. Ob Weltregierung, Bundesliga oder -tag: Wenn nur Diplomatie durch Ehrlichkeit ersetzt und mit etwas mehr Entschiedenheit durchgesetzt würde (gesunder Menschenverstand reicht als Ausbildung): Uns **allen** würde es besser gehen. Allen jedenfalls, die dies verdient haben. Die anderen bekämen ebenfalls ihr gerechtes Los – nämlich Fett – verpaßt, nach einem rechtsstaatlichen, aber, zur Entlastung der Gerichte, kurzen Prozeß.

Die neuesten Ideen und Programme machen vom Stammtisch aus ihren Weg durch die Welt, weil die Frau des **Stammtischbruders** gewohnheitsmäßig missioniert: »Also, mein Mann sagt ja immer, daß . . . «

103. Die Stimmungskanone

Feucht muß sie nicht sein, aber fröhlich – dann wird sie schon noch so feucht, wie er es gern hat. Das gilt auch für die Stimmung, wie sie die **Stimmungskanone** anheizt: »Is' das hier 'ne Beerdigung, oder was!?«

Ist nicht, aber **war**. Alle seine Kumpane haben sich (und ihren Lebensgefährtinnen) geschworen: »Nie wieder!« Dann prusten sie aber doch los, spätestens, wenn die **Stimmungskanone** polternd über die eigenen Kalauer lacht. Diese Art von Massenpsychose hat Mike Krüger so reich gemacht, daß er sich eine Frau leisten konnte.

Dieser hervorragende Vortragskünstler spricht so leise wie möglich, brüllt also meistens, denn anders könnte man ihn über den Blabla-Pegel der Mittrinker nicht vernehmen. Und es wäre doch schade, wenn denen auch nur **eines** seiner Worte entgehen müßte. Über das tosende Gelächter nach seinem letzten Zünder gröhlt er die Frage: »Kennt ihr eigentlich schon den von dem schwulen Juden, der zum Frauenarzt kommt . . . ?« Ja? Egal, Wiederhören macht Freude.

Geschmackssicherheit beweist die **Stimmungskanone** bei der Auswahl ihrer Späße. Ziel ihres nicht kleinlich stubenreinen Spottes sind – nicht unverdient – die traditionell humorlosen Schichten der Bevölkerung: Ausländer, Behinderte, Frauen und anwesende Schwächlinge. Nur über sich selbst duldet dieser Mann keine Witzelei: Er hat Humor, man braucht sich nicht über ihn lustigzumachen.

Wenig Verständnis findet er, wenn er mal den »Moralischen« bekommt. Man gönnt ihm das Leiden, weil man ihn immer um seine gute Laune beneidet hatte und alle plötzlich entdecken, daß sie schon immer Opfer seiner verletzenden Sprüche waren. Auch seine Frau? Allerdings. Er bittet sie um Verzeihung: »Nie wieder werde ich dir das antun« – nie, nie wieder, sofern es sich umgehen läßt. Ansonsten hat er seine Frau im Griff und fotografiert sie auch gern dabei.

Eine letzte Besonderheit: Von allen Männern gibt die **Stimmungskanone** den Führerschein am regelmäßigsten ab.

104. Der Sportsfreund

Schon bald klebt dem **Sportsfreund** sein grellbunter Adidas-Kampfdress klatschnaß am erhitzten Körper, doch er gibt nicht auf: »**Jetzt! – Nein, doch . . . A-b-g-e-b-e-n! – du Flasche – jetzt mußt du rüber – geh doch**

nach Hause, Arschloch!« Er kämpft fiebrig mit und setzt alle Tricks des Daumendrückens ein, damit »wir« – Jaaaa! Siiieeg! Oleoleoleeoleee ... – bis ihm die Stimme versagt. Es tut seiner Leistungsbereitschaft keinen Abbruch, daß es sich um eine Aufzeichnung vom Vortag handelt.

Heilig sind dem **Sportsfreund** bestimmte Fernsehzeiten, zu denen ihm seine Frau eine spezielle Diät zubereiten muß, Männer-Gerichte, die man vor dem Fernseher ohne Weg-, bzw. Hinsehen herunterwürgen kann. Obwohl er an sich harmlos ist, kann er blitzartig zum Mörder werden, wenn man ihm während der »Sportschau« ins Bild läuft oder schwatzt.

Die enge Verwandtschaft zum **Bildungsbürger**, Typ 232, fällt auf, denn auch der **Sportsfreund** besitzt ein imponierendes Fachwissen zu einem so überaus interessanten und schwer zugänglichen Fachgebiet wie der Zweiten Bundesliga oder der Weltgeschichte des Kugelstoßens. Über das Privatleben von Litti weiß er so gut Bescheid wie andere Männer die Biographie von Thomas Mann, Klaus Peymann, Wim Wenders oder Traci Lords im Kopf haben.

Doch nun zu seiner **Horde**: Vor dem gemeinschaftlich betrachteten Colorgerät oder Tresen diskutiert er mit anderen **Sportsfreunden** endlos und leidenschaftlich über gerechte Schiedsrichtererschießungen der nächsten Spieltage und das Formtief der deutschen Mannschaft. Wenn **er** Bundestrainer wäre, dann würden »wir« ... – Aber leider: schon vor dem Endsieg ausgeschieden ... – jetzt kein falsches Wort! – oder es kommt doch noch zum Blutbad.

105. Der Hooligan

Er zündelt gern an Holztribünen herum. Aber es trifft im Stadion natürlich nur die, die man am Nachmittag vorher in der Stadt noch nicht hatte mit Flaschen und Baseballschlägern bekehren können – und die Borussen sind nun mal eindeutig die bessere Mannschaft.

106. Der Nachbar

Mit seinen geschulten Sinnen erkennt der **Nachbar**, wenn in der Nachbarschaft »Not am Mann« ist und man ihm seine Hilfsbereitschaft nicht abschlagen kann. Schon steht er auf der Matte: »Ist doch selbstverständlich – unter **Nachbarn**!« Er hilft besonders gern **im** Hause, wenn die bedürftige Partei keine Möglichkeit hatte, vorher klar Schiff zu machen.

Kleiner Plausch übern Zaun? Gern gewährt dieser gut informierte Mitbürger Einblicke in sein Familienleben und die Beobachtungen, die er hinsichtlich des Wetters und – »aber das muß streng unter uns bleiben« – in der Nachbarschaft gemacht hat. »Ich bin ja wirklich nicht neugierig, und eigentlich geht es mich ja auch nichts an, aber ...« Ja, bitte, was? »Also, da gibt es ein Gerücht und folgende drei Versionen ...«

Wer nicht genügend Freizeit zum Gespräch mit diesem leutseligen Typ finden will, dem bietet der **Nachbar** einen Ausweichtermin an: »Wir sprechen uns vor Gericht!« Doch das ist nicht ohne Risiko, denn **seine** Einfahrt ist geharkter und sein Rasen sowieso gemähter. Der **Nachbar** ist überzeugt, daß »wir« zusammenhalten müssen, und zwar gegen das Böse an sich und vor allem um uns herum – gegen die Obrigkeit und auch deren Feinde, gegen Quertreiber jeder Art und vor allem gegen die Leute, die hier nicht hingehören. Das **müssen** nicht unbedingt **Ausländische Mitbürger**, Typ 219, sein... – aber aussuchen kann man sich das nicht immer. Meist bindet sich der **Nachbar** an eine Frau, die eine Ehe lang vergeblich hofft, er werde der Schreberbewegung abschwören und mit ihr in Australien noch einmal ganz von vorn anfangen.

107. Das Schwein

Handtuch, Mundhöhle, Spüle, Intimbereich, Nahrungsmittel aus der Nase: Man wundert sich als Frau, wo überall man Beispiele für den eigenwilligen

Das Schwein

Hygienebegriff des Mannes finden kann, ohne danach zu suchen. Wo sich die Mehrheit der Männer dem Diktat erziehungsbedingter Verhaltenszwänge unterwirft und »brav« tut, verhält sich das **Schwein** unverkrampfter und läßt außer der männlichen Grundschmutznatur auch kindliche Neugier zu.

Sein Informationsbedürfnis in kulturellen Fachfragen befriedigt dieser Typ in Peep-Veranstaltungen und Bordellbetrieben. Gern gibt er seine Erfahrungen an Uninteressierte weiter. Diese hören genau und entrüstet zu. Oft kommt es zu dramaturgisch notwendigen Ausschmückungen, besonders was die Rolle des **Schweins** als multikultureller Botschafter in Bangkok betrifft.

Von Frauen fühlt er sich – zu Recht – ein bißchen unverstanden, weil sie ihm nicht glauben wollen, daß sie etwas versäumen, wenn sie ihn ablehnen. Dabei kann er eine Frau so glücklich machen, daß sie ihn auf Knien darauf hinweist, daß morgen doch auch noch ein Tag ist.

Und großzügig ist er: Hat er eine Frau erobert, so macht er ihr gern Geschenke, die der Postbote in jener Art von neutralen Umschlägen zustellt, bei der sich jeder Postbote fragt, was da wohl drin sein mag. Ein bißchen Experimentierfreude wird man doch wohl verlangen dürfen!

XV. HÄUSLICHE TYPEN IM BÜRGERLICHEN LAGER

Familie und Eigenheim – auf diesen Säulen steht die Gruppe von Männern, um die es jetzt gehen wird. Man bleibt lieber dort, wo man die Unverletzlichkeit der Wohnung ausnutzen und die heute horrenden Kosten für Sägespänemobiliar, Heizung, Frau und Miete abwohnen kann.

108. Der Saubermann

Alles ist sauber: Seine Weste, sein Gewissen und sogar die Stellen, wo die Zahnbürste nicht hinkommt. Denn erst wenn es **überall** so sauber ist, daß er sich drin spiegeln kann, erlangt er Seelenfrieden. Daher benutzt er nur »Hakle feucht«.

Der Saubermann

Zu seinen Lieblingsbeschäftigungen zählt die Säuberungsaktion als solche – und zu säubern gibt es viel, gerade in unserer modernen Industriegesellschaft. So viel, daß sich der **Saubermann** schon aus Zeitgründen auf gesinnungs- und rassenhygienische Maßnahmen spezialisieren und seiner

Frau den Rest überlassen muß. Den hält sie so picobello in Schuß, daß, wenn die Zahl der Gäste die im Haushalt vorhandenen Teller übersteigt, sie den Nachzüglern die Kohlroulade bedenkenlos auf dem Fußboden servieren kann.

Und doch degradiert dieser klassische Familiengründer seine Nur-Hausfrau nicht zur Putze. Auch in der Reproduktion der Gene, über die sich unser Schöpfer so sehr freut, und in der Zuberereitung leckerer Speisen darf sie ihre Erfüllung finden. Großzügig erlaubt er ihr zur Krönung, durch ihr telegenes Eintreten für »Krönung« das Haushaltseinkommen zu vervierfachen.

Das Geld wird gebraucht, denn der **Saubermann** zahlt gerne seine Steuern, um auf seinen Spaziergängen stolz zu betrachten, was »**er**« alles mitfinanziert hat, und sich in der Freizeit endlos darüber aufregen zu können, »was« – nicht etwa »**wer**« – alles von seinen Steuergeldern schmarotzt.

Die Beoachtung seines Umfeldes zählt zu seinen ehrenvollsten Aufgaben, weil die Organe der Rechtspflege auf den aufmerksamen **Saubermann** angewiesen sind, gerade in Ausländer- und RAF-Mutmaßungen. So telefoniert er fast täglich mit seiner örtlichen Polizeidienststelle und erstattet diverse Anzeigen – vor, während, nach und zwischen XY-Sendungen.

Räsenmähen, Verständnis und Autowaschen sind seine Stärken. Oft glaubt er an den Messias, auch wenn ihm dessen Auftreten nicht vorbehaltlos gefällt. Er ist aber tolerant, solange ein **Gammler**, Typ 138, Wunder vollbringt und sich in allen wichtigen Fragen von einem echten Papst vertreten läßt.

Dem **Saubermann** verdankt die Welt die Erfindung des Schildes, wobei sein persönlicher Geschmack das Verbot besonders favorisiert. Im Bett ist dieses Mitglied der Freiwilligen Feuerwehr ein Vorbild an Rücksicht: schnell fertig.

109. Der Papi

Selbst wenn die Tötung von Verwandten endlich erlaubt wäre, er würde seine Kinder trotzdem leben lassen, wenn auch bestimmt etwas härter anfassen als seine Nachbarn es unbedenklich finden. Ausgenommen natürlich, wenn er sich dem Liebesspiel mit seinen Töchtern hingibt. Da ist er so zärtlich, daß ihm die ganze Straße applaudieren würde. Aber er mag keinen Wirbel um seine Person und schärft dies auch seiner Tochter Stephanie, genannt Steffi, ein.

Weil es die lieben Kleinen einmal besser haben sollen, können sie bis über den 40sten Geburtstag hinaus auf seine Brutpflege zählen. Haben die Kinder dann mehr erreicht als **Papi**, so erklärt er tolerant: »Du kannst jederzeit zurück nach Hause kommen.« Die Tür steht immer offen.

Obwohl er sich zu den Männern rechnet, will der **Papi** keinen Harem voll scharfer Playmates. Er bevorzugt das Natürliche und das Familiäre: Er möchte sich am Wachsen seines Nachwuchses und dem Welken seiner einen Frau erfreuen. Nur er liebt Verwandtenbesuche und Grabpflegemaßnahmen.

Ein kleines Wenig Liebe, das ist alles, was diese bescheidene und treue Seele erwartet. Verwehrt seine Frau ihm diesen Gefallen, so bringt er sich um – und vorher auch alle anderen Familienmitglieder.

110. Der Bausparer

Hoch hinaus will er nicht, weil er Wolkenkratzer mit mehr als drei Etagen ungemütlich findet. Aber das Bad sollte schon in massiv Marmor gehalten sein, damit alle Gäste tuscheln: »Wie er sich das leisten kann!?« Durch Sparen? Natürlich nicht! Der **Bausparer** spart nach der viel zu früh zugesprochenen Volljährigkeit nur maximal vier Jahre lang – den Rest seines Lebens versucht er, nicht unter der auf diesen Ersparnissen aufgetürmten Schuldenlast zusammenzubrechen.

Warum er das macht? Weil der Mensch ein Ziel braucht – aber einen nagelneuen Ford, eine Frau und ein Kind hatte er ja schon.

111. Der Häuslebauer

Besonders fruchtbare Kreuzung aus **Bausparer**, Typ 110, und **Heimwerker**, Typ 78. Oft leidet dieser Typ unter Mangelkrankheiten und Abnutzungserscheinungen im Lippenbereich, weil er sich so viel vom Munde abgespart hat.

112. Der Videot

Spaß macht es schon, fremdartige Länder zu bereisen, an Gruppensex mit lesbisch veranlagten Strapsträgerinnen teilzunehmen oder ab und zu ein paar MitbürgerInnen gekonnt mit der »Stihl«-Kettensäge hinzuschlachten. Aber dem stehen auch Nachteile gegenüber: Solche Vergnügungen sind anstrengend, teuer und juristisch nicht immer unbedenklich. Anreise, Kosten, Knast – all das erspart sich der **Videot**, spätestens wenn er Kabel **und** Rekorder hat.

Nun braucht er eigentlich nur noch eine Steckdose und einen WM-tauglichen 3-Wochen-Vorrat an Kräckern, Chips, Bier, Cola, »Snickers« und verwandten Produkten aus dem Bereich Männernahrung. Es sei denn, der **Videot** verfügte über eine Frau, aber das ist selten.

Größere Strecken legt dieser Mann dank der in Deutschland günstigen Infrastruktur selten zurück. Die nächste Videothek ist keine 500 Meter entfernt, kann also bequem mit dem eigenen Auto erreicht werden.

Der **Videot** ist – und vielen ist dies entgangen – ein modernes Vorbild: Daheimbleiben – das ist sein aktiver Beitrag zum Umweltschutz; Daheimbleiben – während andere durch Abenteuer und unsanften Massentourismus, perverse Orgien und mangelhafte Leichenentsorgung unseren Blauen Planeten noch weiter belasten.

XVI. TOTAL NORMALE

Es kommt ganz auf die Vergrößerungsstufe des Mikroskopes an, wenn man an einer scheinbar eigenschaftslosen Mannsperson individuelles Profil erkennen will. Und seines leistet da Wunderdinge.

Verfeinerte Männer, Typ 229 ff, beneiden den **Total Normalen** immer im Scherz, weil er so unerschrocken ist, daß er sogar »Neue Revue« **liest**, und zwar nicht nur im Wartezimmer. Aber schwingt da nicht ein feiner Neid mit auf die, die ihre Wurzeln noch mit den Händen erreichen können, ohne sich bücken zu müssen?

113. Der Prolo

Noch ist es nicht ganz gelungen, den **Prolo** auf allen Gebieten durch intelligentere Roboter zu ersetzen. Seine Frau drückt weiter die Daumen, wenn sie auch nicht ganz sicher ist, ob der Wechsel auf ein Mittelklassemodell glücklicher macht als der Umgang mit dem angestammten Schäferhundeführer, der auf jeden einzelnen Zylinder seines Wagen gesondert stolz ist.

Der **Prolo** hat den Medien entnommen, daß seine natürlichen Eigenschaften derzeit tief im Kurs stehen. Also nutzt er den Langen Samstag zum Einkauf. Danach fühlt er sich sicher, daß es nichts an ihm gibt, das seinen Stand verrät. Und wenn schon: Er arbeitet hart, härter als die im Büro, und sein Geld ist genauso gut wie das eines nutzlosen Akademikers. Und ob man Dauerwelle mag oder nicht, bleibt doch jedem selbst überlassen. Bei Wahlen steckt er gern Denkzettel in die Urne.

114. Der Mitbürger / der Durchschnittsbürger

Vorbild für alle Sondereinsatzkommandos von Bundesbahn und Bundesgrenzschutz, von BND und Kripo: der absolut unauffällige Typ aus der tiefgrauen Masse. Wollen wir nicht übertreiben: Ein oder zwei Aufkleber hat auch er irgendwo hingepappt. Die Verführung war übermächtig. Spaß hat es gemacht. Und nichts geschadet. Auch das ist wichtig.

Sein Glück versucht der **Mitbürger** bei Preisausschreiben und gewinnt jede Woche mehrere Werbeprospekte. Er bestellt bei Quelle und besitzt ein Kind und einen gleichaltrigen, aber wendigeren Golf. In seinem ganzen Leben wird er nie etwas leasen. Was **genau** er mit den drei Millionen macht, die er nächsten Samstag im Lotto gewinnt, hat er noch nicht unumstößlich festgelegt.

115. Der Provinzler / der Bauer

Dieser Mann beweist, daß das Fernsehen doch keinen so großen Einfluß auf die Bildung der Persönlichkeit und der Personen in der Provinz hat. Leider. Wenn er selbst im Fernsehen auftritt, dann winkt er gewinnend in die Kamera und schwenkt mit nie erlahmendem Arm das Spruchband mit der fehlerfrei selbstgeschriebenen Dichterzeile: »Vilsbiburg grüßt Steffi!« Er ist an beliebigen Austragungsorten stolz, ein Deutscher zu sein, noch stolzer auf seine regionale Sprachauffassung und darauf, ein Vilsbiburger zu sein. Aber er lehnt jede Behandlung ab. Sein Leben verwirkt er dadurch, daß er nie in den Rückspiegel schaut, aber beim Abbiegen ausholt.

XVII. BÜRO-TYPEN

Es ist ein verbreiteter Irrtum, daß Büroschlaf der gesündeste ist. **Büro-Typen** müssen täglich weit länger als die üblichen acht Stunden im Bett verbringen, so gerädert sind sie von den ungesunden Schlafpositionen auf den fehlkonstruierten Büromöbeln einschließlich Klo.

116. Der Bürohengst

Von allen Gangarten liegen dem Geschlechtspartner der Bürostute Trab und Galopp am wenigsten. Der **Bürohengst** ist von Natur ein Kaltblut mit Neigung zu Muskelschwund und Krummrücken. Selbst ein qualifizierter Tierquäler aus dem Gestüt Schockemöhle könnte diesen Haflinger durch gekonntes Barren nicht zu großen Sprüngen verleiten.

Und doch reißt der **Bürohengst** nicht alle seine vier Arbeitsstunden pro Achtstundentag schlaff ab. Seine volle Pferdestärke zeigt er in Momenten, wo Bittsteller in seiner Schreibstube erscheinen. Hier wird er zum Mann, wie – Anmerkung am Rande – die Bürostute auch, sie sogar trotz Rüschenbluse. Immer vorausgesetzt, man hatte an diesem Tage Lust, zuständig zu sein.

Seine Aufgabe nimmt dieser Typ auch dann noch bierernst, wenn seine Frau ihm längst erklärt und er sogar kapiert hat, daß sie ohne jeden Sinn ist. Er denkt insgeheim: Irgendwozu wird's trotzdem gut sein, daß er so wichtig ist. Überhaupt: Soll sie nicht dumm quatschen, sondern lieber ein paar raffinierte Gerichte aus Kugelschreibern oder Bleistiften zubereiten, die er für sein Leben gern kaut.

In seinen Mußestunden träumt der **Bürohengst** von einem eigenen Büro mit Fenster oder einer selbständigen Existenz in der Philatelie, bzw. im Anglerbedarfsbereich. Mit seinem Geld knausert er im Hinblick auf diesen großen Plan einstweilen so herum, als sei es das der Behörde oder Firma. Gegen ihn spricht auch, daß er vor allem die Abenteuer nacherzählt, die andere im Büro erlebt haben: »Du kannst dir nicht vorstellen, war heute los war, als der Herr Fladung den Datumsstempel nicht finden konnte . . . «

117. Der Beamte

Beamter – das ist nicht nur eine Lebensstellung, sondern auch eine Lebenseinstellung und ein Schimpfwort. Dahinter steckt der Neid derer, die gekündigt werden können, wenn sie nicht arbeiten.

Weil er ständig zeitintensiv erklären muß, daß er nicht zuständig ist, bleiben ihm nur ca. 90 % seiner Bürostunden zum Nachdenken über seine Zukunft. Seine Karriere und das schöne Geld! Er, und nur er, weiß schon heute, was er in 24 Jahren einmal verdienen, ja was er in seinem gesamten Leben allein schon dadurch erreichen wird, daß er älter wird.

Denken auch Sie an den gesicherten Lebensabend an der Seite des **Beamten**! Da sollte es Ihnen leichtfallen, über seinen Haltungsschaden hinwegzusehen, auch hinsichtlich der Zivilcourage. Ein Langweiler soll er sein? Kluge Frauen wissen um den Zusammenhang zwischen Fadheit und Treue, wie ihn der **Beamte** so exemplarisch vorlebt.

118. Der Lehrer

Häufiger **Beamten-Typ** mit besonders viel – sogar offizieller! – Freizeit und überdurchschnittlich guter Überbezahlung. Der Trick: Im Gegensatz zur konventionellen Stunde (wie er sie im Physikunterricht lehrt und wir sie von der Konzeption der Uhr und aus den meisten Arbeitsverträgen kennen) besteht seine Stunde nicht aus 60, sondern allerhöchstens 43 Minuten.

Dieser einzige Sozialromantiker mit nennenswertem Einkommen will die Welt verbessern, indem er sich für alles mögliche engagiert und bei sich zu Hause anfangen will. Mit irgendeinem vorbildlichen Verhalten. Das kann unangenehm werden, denn er erwartet von einer Frau, daß sie – zwar kritisch, aber folgsam – mitzieht. Kurz: Den **Lehrer** erträgt nur die Lehrerin oder ihre Steigerungsform, die arbeitslose Lehrerin.

XVIII. ANGESTAUBTE

Männer sind nun mal von gestern, auch wenn manche sich etwas geschickter tarnen als die, die sich ab dem 25sten Lebensjahr für »früher« als Lieblingswort entscheiden.

Eine besonders geringe Beweglichkeit ist typisch für die **Angestaubten**. Doch Bewegungsmangel allein kann das Leben dieser lederzähen Burschen nicht verkürzen. Frauen bestehen darauf, daß geraucht und getrunken wird, um so Dauerstreß und schwere Kost ihre Wirkung entfalten zu lassen. Ist okay so, denn die **Angestaubten** sind in einem fairen Verfahren zum Aussterben verurteilt worden, letztinstanzlich.

119. Der Ewiggestrige

In seiner Erinnerung ist er so quicklebendig wie sie, diese gute alte Zeit, in der es so manches nicht gegeben hat oder hätte, dafür aber um so mehr Gutes: das Brot für sieben Pfennig oder die selbstgebastelte Bombensolidarität in der konspirativen Wohnung.

Es war eine harte – für die Heutigen unvorstellbar harte – Zeit damals. Schlimm, aber auch schön. Man bereut nichts. Und bei genauerer Betrachtung hat man sich seinerzeit ja auch nichts zuschulden kommen lassen. Die Zeiten waren halt so, man **mußte** mitmachen. Außerdem gab es positive Seiten, die heute ständig verschwiegen werden: Die Kameradschaft, die Guerilla-Grillabende mit Andreas und Ulrike... – und dann die unendlich vielen, unendlichen (und oft auch unsäglichen), aber leider nie unausgesprochenen Geschichten: Stalingrad, Schah-Demo, Wackersdorf etc.

120. Der Besonders Alte Kamerad

Wenn er eines nicht ist, dann nachtragend. **Er** kann vergessen und vergeben, das beweist er beispielhaft an seinem eigenen Fall. Aber gleichzeitig ist seine Erinnerung gut: alle Judenwitze noch präsent, im Wortlaut.

121. Der Alt-Stalinist

Bis zu 41 Jahre lang war er Mitglied der Partei der Arbeiterklasse und bekleidete dort ein hohes Amt im ZK der Inneren Emigranten. Jetzt ist er – zu recht – etwas verbittert, denn er hat doch nicht unerheblich teilgehabt am Aufbau des Sozialismus mit menschlichem Antlitz und Zentrum in Wandlitz. Wenigstens ein paar der sozialistischen Errungenschaften konnte er vor dem Anschluß retten – für sich ganz privat.

Der Alt-Stalinist

122. Der Betonkopf

»Beton – es kommt drauf an, was man draus macht.« Eine der schönsten Anwendungen dieses vielseitigen Werkstoffes trifft man überall da, wo andere voreilig etwas ändern wollen, obwohl es doch bisher ganz manierlich funktionierte.

123. Der Senior

Im Laufe der Jahre ist sein Aussehen immer interessanter geworden, er hat ein paar Mark beiseite gelegt und kann jetzt wesentlich jüngere Frauen in jeder Menge haben. So jedenfalls beschreiben 32jährige Frauen dem Autor die Vorteile des Mannseins, wenn sie aus Angst vor noch größerer Verhäßlichung lieber jetzt schon und unter Würde heiraten. Mit 33 ist das Leben der unverheirateten Frau nämlich zu Ende, während es für den Mann erst richtig los- und dabei stetig bergauf geht bis zum klinischen Tod.

124. Der Pensionär

Besonders bei jüngeren Frauen ist der **Pensionär** mit Millionenvermögen beliebt, weil er sein sonniges Gemüt bewahrt hat, obwohl er doch weiß, daß er unheilbar krank ist. Getrennte Schlafzimmer, Liebhaber erlaubt, plötzlicher Tod ohne vorher zum Pflegefall geworden zu sein: Das sind die Eckdaten des idealen Mannes, der einen für wenige Monate streßfreien Beieinanders lebenslänglich mit einem Millionennachlaß entschädigt.

Wenige Wochen nach der Eheschließung stellt sich heraus, daß der **Pensionär** nur geflunkert hatte. Er ist kerngesund, viel jünger als angegeben, hat nie geraucht oder Geld gehabt und jetzt immer nur das Eine im Kopf. Warum sollte **er** sich da scheiden lassen? Und: wovon?

125. Der Kavalier der Alten Schule

Höflich macht er Komplimente und steht auf, wenn Damen den Raum betreten. Er schenkt Blumen und verteilt Handküsse, er opfert sich selbstlos für die Angebetete und schickt ihr schöne Briefe. Er zahlt im Restaurant, hilft einer Frau in den Mantel und öffnet ihr sogar die Drehtür. Liebenswert umständlich wirkt dieser immer gepflegte Charmeur mit einem Hauch schon ausgestorben geglaubter Klasse, und alles ohne Gegenleistung. Ja, ein paar **Kavaliere der Alten Schule** gibt es noch. Nach einem solchen Mann fahndet die begüterte Witwe – und Eduard Zimmermann nicht minder.

126. Der Alte Sack

Sein Fachgebiet ist die Schikane. Er rächt sich für den Umstand, daß das Leben ihn um sein Leben betrogen hat. Der **Alte Sack** kann nur von wenigen, besonders geschulten Fachfrauen beherrscht werden, **bevor** er für immer bettlägrig oder dank glücklicher Umstände in den Rollstuhl verbannt wird. Aber trotzdem: Zeit seines Ablebens stirbt er nie.

XIX. SÖHNE

Sie wachsen noch – es besteht also ein Rest Hoffnung, daß Erziehungsversuche anschlagen. Aber: Sind Sie bestimmt erziehungsberechtigt? Und haben Sie noch nie etwas von den Bestsellern gehört, in dem wissenschaftlich nachgewiesen wird, daß man Männer nicht verändern kann[1]?

127. Der Patente Bursche

Es gibt Männer, die kommen ganz von allein auf die Idee, die Spülmaschine einzuräumen. Zudem beherrschen sie perfekt so schöne Künste wie z.B. Start- oder Geburtshilfe – diese besonders neun Monate vor dem Tag der Entbindung. Zum Bedauern unzähliger von den eigenen Söhnen enttäuschter Mütter und Väter lassen sich die Eigenschaften des **Patenten Burschen** aber nicht künstlich und schon gar nicht nachträglich auch ihrer eigenen Leibesfrucht einpflanzen.

Keinem anderen Männertyp sieht man so deutlich an, daß er keine Drogen nimmt. Deswegen muß der **Patente Bursche** aber nicht unbedingt zu langweilig für Ihre Tochter sein.

128. Der Junge von Nebenan

Sonniges Gemüt, sauber, adrett, verbindlich – der **Junge von Nebenan** besitzt alle nur denkbaren Vorzüge, und doch ist er einer der tragischsten Männertypen: Jede Frau hat das Gefühl, einer wie er könne doch nicht alles sein, was das Leben einer wie ihr zu bieten hat – egal, wie wenig sie selbst bietet.

So wird der **Junge von Nebenan** immer nur übergangsweise als Notlösung verwendet – und oft verheizt. Zu normal und geheimnisleer kommt er den Frauen vor. Er ist also nicht gut genug, weil er nicht schlecht genug ist – ja, sein Schnauzbart sieht immer aus wie angeklebt. Frauen warten in seinen Armen auf ein wirkliches Arschloch, von dem sie sich alles versprechen, sich alles versprechen, quälen und ausnutzen lassen.

---

1 Valérien, Harry: »Fußball-WM '90 Italien« und Benard/Schlaffer: »Laßt endlich die Männer in Ruhe« und Kürten, Dieter: »Fußball-WM Italien 1990«

129. Der Große Junge

Ein Leben ohne offene Knie, Klingeljagd und Spielsachen? Niemals! Der **Große Junge** findet Erwachsenwerden blöd und bietet wie kein anderer seiner Frau die Möglichkeit, sich auch ohne eigene Kinder nicht kinderlos zu fühlen.

Sollte man vor den glimmenden Ruinen des Eigenheimes stehen, weil der **Große Junge** sich mit der freiwillig angebotenen Reparatur des Toasters übernommen hatte, so wird man ihm doch verzeihen wollen – denn er schaut **sooo** lieb und kann **wirklich** nichts dafür. **Er** ist es, der Trost braucht – immer.

Der **Große Junge** entschädigt einen für alles. Sogar sein pubertäres Geplapper im Verein mit seiner naiven Disziplin- und Planlosigkeit erträgt die Frau gern, gibt er ihr doch im Bett das Gefühl der ganz großen Liebe – wie jeder anderen vor und nach ihr auch. Außerdem macht er jede Frau jünger, als sie ist, und ist meist jünger als sie. Darum wird sie von anderen Frauen beneidet.

Weil er sich, wie alle Buben im schwierigen Alter zwischen 12 und 16, für ungemein erwachsen hält und seine Reife gern und linkisch beweist, darf ihn die Frau ihre Bemutterung nicht spüren lassen. Nur unter dieser Voraussetzung ist der **Große Junge** dankbar für warme Gerichte jeder Qualität und alle Erledigungen, für die ein Mann nicht geschaffen ist. Und welcher Mann wird schon mit Gummihandschuhen an seinen empfindlichen Händen geboren?

Gern schaltet er sich in Gespräche über die heimtückischsten Allergien der Heimat ein, die meist er als erster im Bekanntenkreis hat: gegen Hausstaub, wie er ihn aufwirbeln müßte, würde er putzen. Und natürlich gegen die gefährlichen Dämpfe beim Bügeln! Nur die Sporen der durch ihn vor dem Aussterben geretteten Schimmelpilze, die er auf seinen Hausabfällen züchtete, bevor er Sie kennenlernte, störten ihn nicht.

Nur ungern läßt sich der **Große Junge** herausputzen. Konfirmandenanzug und Binder haßt er wie früher nur den Sonntagsspaziergang. Selbst bei seiner Einäscherung trägt er Jeans und reist mit dem Mofa an.

130. Der Junggebliebene

Alterungstypischen Abbauerscheinungen wie Vernunft, ausgeglichenem Wesen und erstklassigem Einkommen ist der **Junggebliebene** erfolgreich entgangen. In Kontaktanzeigen gibt er ein um vier Jahre abgerundetes Alter an und betont, daß man ihn noch viel jünger schätzt. Nämlich dank Haarfärbemittel auf höchstens 28 – schon immer, seit er Mitte 30 ist, und für immer. Das hat er auch, wie vieles andere im Leben, seinen Turnschuhen zu verdanken.

Die Frauen sind wie verrückt hinter ihm her! Enttäuschte, Gelangweilte, Geschiedene, Sinnentleerte mit Schnarchsack als Mann: Sie alle träumen von diesem Typ, der wie Heiner Geißler aus dem Flugzeug springt und seinen Fallschirm nie vergißt – auch nicht zu erwähnen.

131. Der Midlife-Krisenfall

Die Welt wimmelt von blutjungen Mädchen, die es wissen wollen – und zwar richtig! Besonders verdächtig in dieser Hinsicht benehmen sich die Freundinnen der eigenen Tochter. Recht haben sie, denn mit 19 ist man wirklich nicht zu jung, um einmal aus Jux, Lebenshunger oder einfach nur, um mitreden zu können, mit einem erfahrenen Mann ins Bett gegangen sein wollen zu müssen.

Er könnte alle haben – genau wie früher, als er dies allerdings nie ausprobiert hat. Aber er will gar nicht alle nehmen, nur die Vielversprechendsten. Das tut er nicht aus Egoismus, sondern seiner Frau zuliebe: Es würde ihm wehtun, wenn sie sich einmal vorwerfen müßte, daß sie ihm die besten Jahre seines Lebens gestohlen hat.

Soll er, überlegt dieser Erfolgstyp aus der Mittelschicht, ab jetzt alles anders machen und noch mal ganz von vorn anfangen – bevor es zu spät ist? Warum eigentlich nicht? Andererseits – einige Zeit später: Warum eigentlich doch?

132. Der Berufsjugendliche

Kaum erscheint dieser Typ auf dem Bildschirm, rufen Ihre Eltern aus: »Ach **der** schon wieder! Der muß doch schon an die ... – wie alt wird der inzwischen sein? Ungefähr?« Sagen wir doch 39, obwohl er sich wie zwischen 9 bis 19 benimmt. Schade, daß er geheiratet hat. Ein Glück, daß er nicht auch noch verheiratet aussieht. Dritte Ehe? Ach so.

Wir alle brauchen ihn, denn der **Berufsjugendliche**[1] ist Denkmal und Denkmalspfleger in einem: Was er uns heute als heiß und neu verkauft, fanden wir schon überholt, als es damals noch weitgehend in Mode war.

133. Der Berufssohn

Diese Existenzen vegetieren an der Grenze zum Existenzmaximum und zeigen, wie fürchterlich es sein kann, ein schuldenfreies Hochhaus in die Wiege gelegt bekommen zu haben. Das drückt.

Wie beneidet der **Berufssohn** doch die Gleichaltrigen, die ihn beneiden! Nichts wurde den einfachen Jungs geschenkt, sie haben sich alles selbst erschuftet. Er könnte höchstens auf das stolz sein, was sein Vater auf die Beine gestellt hat, wenn nicht schon sein Vater ein **Berufssohn** gewesen wäre.

Auf der Jagd nach Anerkennung verbringt dieser Mann einen Großteil seines Lebens damit, allen etwas zu beweisen, vor allem seine Selbständigkeit. Vati hilft ihm dabei durch die Einrichtung einer kleinen Firma.

134. Der Playboy

Er hat sich damit abgefunden, daß er alles kaufen kann, und kauft es daher. Morgens fällt er erschöpft ins Bett.

135. Das Muttersöhnchen

Aus einer Mischung von Kevlar und Kohlefaser mit einer Gewebeverstärkung aus Chrom-Vanadium-Stahlgeflecht besteht seine Nabelschnur, und deswegen ist eine Abnabelung nur mit Spezialwerkzeug möglich. Erst nach dem mehr oder weniger natürlichen Tod der Mutter kommt die Geschlechtspartnerin des **Muttersöhnchens** zum Zuge.

Kein anderer Mann kann mit so geringem Aufwand gequält werden. Gewissensprobleme gibt es nicht, weil man sich ja nur für das rächt, was er einem zu Mamis Lebzeiten durch Feigheit und Verrat angetan hatte. Nun unterhält einen dieser rückgratlose Geselle vor allem durch gelegentliche Ausbruchsversuche, die es sadistisch niederzuschlagen gilt.

---

1 Beispiele: Thomas Gottschalk (wird den Altersrekord brechen), Udo Lindenberg (das Sprachmuseum), Dr. Alf Biolek (der älteste Berufsjugendliche des deutschen Fernsehschaffens), Egon Krenz (FDJ)

136. Der Stubenhocker

Nicht in jedem Haus sind Fertigteile aus Asbest oder formaldehydhaltige Spanplatten verarbeitet worden. Und selbst wenn: Draußen lauern die noch größeren Gefahren für diesen Mann – außer dem Haupthautkrebsrisikofaktor Nummer eins Sonne auch noch die so gefährlichen Pollen, Stickoxide, diverse Treibhauseffekte, krebserregende Abgase, Lärm, Fern- und Fahrradfahrer, kurz: die ganze große Palette der modernen Lebensbedrohungen, vor denen man sich durch Stuben schützen kann. Gegen die Langeweile empfehlen erfahrene Tankwarte: Fernsehen, Kreuzworträtsel und Puzzle (ab 2000 Teile). Anspruchsvolle Naturen wählen »gute Gespräche« über den Stand der Beziehung.

137. Das Wunderkind

Als Partner nur im Alter von 7 – 15 Jahren geeignet. Danach Stimmbruch und Depressionen, weil niemand mehr Autogramme erbittet und sich die Träume der Eltern des **Wunderkindes** zerschlagen haben, von seinen gefälligen Menuetten oder seinem Tennisspiel in Saus und Braus leben zu können. Jetzt reichen die Zinsen kaum zum Leben.

XX. MODISCHE BEKENNER

Nach langer Suche in diversen Unterhölzern springt der Mann begeistert aus dem Buschwerk und verkündet, daß er es endlich gefunden hat, sein »Ding«, oft sogar sein ganz persönliches. Und eben dies ist selbstredend ein so optimales Ding, daß er es durchziehen muß, für immer und mit absolut totaler Konsequenz. Bis hin zum **Bekenner**-Brief.

Der überwiegende Teil seiner Menschheit starrt ihn an, als komme sie von einem anderen Stern, auf dem es wohl recht rückständig zugeht. Der **Modische Bekenner** jedenfalls ist seiner Zeit und deren Genossen weit voraus. Immer! Wenn die anderen endlich nachziehen, hat er sich längst weiterentwickelt – meist in Richtung **Bausparer,** Typ 110.

Verständnis verlangt ein Mann aus diesem Sperrholz nicht von der Frau – er paart sich nur mit einer aus derselben Moderichtung, sie versteht ihn sowieso –, sondern von seinen Eltern. Denen sei gesagt: Es ist nichts Ernstes und wächst sich aus. Und außerdem: Einige von Ihnen waren auch mal jung!

138. Der Gammler

Nach dem Intensivstudium von Sartre, Camus und Trotzki arbeitet dieser Typ für einige Zeit im Fachbereich Stadt- oder Landstreicherei. Er lebt – einfach so und in den Tag hinein. Nach seiner existentialistischen Existenz baut er sich dann eine andere auf. Papi hatte es schon immer gewußt und schließlich recht behalten.

Der **Gammler** ist inzwischen ausgestorben, gilt aber als Urvater der **alternativen** Protesttypen. Ohne ihn gäbe es weder **Spontis,** Typ 177, noch **Grüne,** Typ 172, oder **Punks,** Typ 141 – der **Gammler** hat das Heruntergekommene hoffähig gemacht, aber nicht die Kraft zur erkrankungsbegleitenden Philosophie gehabt.

139. Der Schwermetall-Rocker

Leidenschaftlich lehnt dieser Mann jede Art von Schalldämpfung ab und hofft, eines Tages in der Fußgängerzone (vor Tschibo) entdeckt zu werden, um bei der nächsten Verfilmung eines anspruchsvollen Stephen King-Stoffes das Monster spielen zu dürfen. Einstweilen trainiert er im Freundeskreis das Einflößen von Bier und Angst, und dabei stellt er den Motor selbstverständlich nicht ab.

Macht den **Schwermetaller** die von ihm bevorzugte »Musik« blöd, oder muß man schon Vorschäden besitzen, um sich das Resthirn mit Speed-Metal, Heavy-Metal, Trash-Metal und sonstigen Produkten jenseits der Scorpions vollzudröhnen? Weder noch. Aber was dann? Natürlich trägt die geschnürte Lederhose die Schuld, weil sie die Blutzirkulation so nachhaltig behindert! Aber sie paßt so gut zur Zottelmähne und dem unwaschbaren Iron-Maiden-T-Shirt.

Blöd oder nicht blöd – immerhin kennt der **Schwermetaller** seine engen intellektuellen Grenzen. Um die Namen weiblicher Bezugspersonen nicht zu vergessen, läßt er sie sich an einer gut einsehbaren Stelle seines Körpers eintätowieren, gleich neben dem Totenschädel, und ähnelt darin seinen Vorgängern, jenen unter dem Sammelbegriff »Rocker« gefürchteten Kettenfetischisten, die die Toleranz unserer Gesellschaftsordnung so trefflich verkörperten: Sie durften, und dies nicht nur symbolisch, am Straßenverkehr teilnehmen.

140. Der Echte Rock-Fan

Bei großen Konzerten stehen diese Männer traubenweise vor den Boxen, um nur nicht zu verpassen, wenn die Stimmung ergreifend genug ist für den Einsatz von Einwegfeuerzeugen, Wunderkerzen, Schunkeln oder Mitsingen.

Mit anspruchsvoller Musik kennt sich der **Echte Rock-Fan** aus. Er kündigt ständig sein Abo, weil in Zeitschriften seine Lieblingskapelle so ungerecht behandelt wurde. Vor dem Spiegel übt er im Vollplayback für die eigene Bühnenkarriere, in der Disko spielt er zu seinem ausdrucksstarken Schönheitstanz gern ekstatisch ein unsichtbares Saiteninstrument – jeder Ton getroffen trotz Augen zu!

141. Der Punk

Bei kollektiven Tanzveranstaltungen springt der **Punk** immer wieder in die Höhe und rempelt dabei seine Freunde an, bis das über den Durst getrunkene Bier schaumig wird und ausgespuckt werden muß.

Eltern machen sich zuviel Sorgen um diese Sorte **Sohn**, Typ 127 ff: Die poetischen Zeilen über Haß und Tod an den Wänden seines Zimmers sind eher ironisch gemeint, wenn auch mit Blut gemalt. Später fällige Renovierungskosten und die heute hochgezogenen Augenbrauen der Nachbarn sollten die elterliche Freude nicht trüben: Der **Punk** macht bestimmt keinen Führerschein und erwartet also auch keinen Golf zum Abitur.

142. Der Post-Punk

Nur noch so reden wie der **Punk**, aber schon duschen und die Fahrschule besuchen.

143. Der New Waver

Dankbar und nicht ohne melancholische Nostalgie erinnern sich Osram und BASF an diesen Typ: Er hat Plastik und Neon salonfähig gemacht.

144. Der Gruftie

Der **Gruftie** toupiert seine langen, schwarz gefärbten Haare zu monströsen Gebilden, die seinen Kopf so groß erscheinen lassen, daß Gehirn darin Platz finden könnte. Dieser auffällige Mann mit der käsigen Hautfarbe ist trotzdem fast verschwunden, weil er nicht ertragen konnte, daß der Begriff **Gruftie** von Erwachsenen in den Medien für das Szenewort für Erwachsene gehalten wurde.

145. Der Postmoderne

Nach der Langnese-Reklame könnte er das Kino verlassen, er weiß doch eh, was läuft und kommt, nämlich irgendwas Verschnarchtes, asbach uralt und haben-wir-gelacht. Außerdem hat er die Kritik des Hauptfilms in der aktuellen »Tempo« längst kontrolliert, sie war blöd, aber immer noch besser als der versäumte Streifen.

Je interessanter die anderen etwas finden, desto offensichtlicher schaut er weg. Nur die neue Wüstenrot-Reklame zieht er sich gern rein – weil sie so herrlich schlecht ist. Ja, es ist für niemanden leicht, einen **Postmodernen** zu unterhalten, für ihn selbst auch nicht.

Daher sagt er sich: Wenn schon uninteressant, dann bitte schnell! So springt er von Kanal zu Kanal – ist eh alles ein Mansch, den man sich sparen könnte – und freut sich, daß sein Körper ihn nicht zur Schlaflosigkeit verdammt.

Mode findet der **Postmoderne** absolut wichtig, wenn er sie besitzt, ansonsten: nur was für Idioten ohne eigenen Stil. Weil er jede Art von Bekenntnis ablehnt, fällt ihm der Wechsel von seinem Nicht-Bekenntnis-Bekenntnis in jedes andere besonders leicht: Er »wußte es eigentlich schon immer«, und zwar alles, so daß er jetzt auch kein Problem mit Bausparen hat – die Wüstenrot-Reklame hat gefruchtet.

146. Der Skin

Während diversen Ausländern alles und noch viel mehr vorne und hinten reingeschoben wird, kümmert sich niemand um die liebenswerten deutschen Jungs mit der pflegeleichten Kurzhaarfrisur. Trotzdem ist der **Skin** stolz darauf, ein Deutscher zu sein, auch wenn die anderen Deutschen noch nicht so deutsch empfinden wie sie sollten und demnächst werden, wenn die Zeiten endlich wieder ein bißchen schlechter sind.

Wenig Sympathien hegt der **Skin** aus ganz verschiedenen Gründen für **Homos**, Typ 228, **Schickis**, Typ 148, und die **Fans**, Typ 233, der anderen Mannschaft. Dafür sieht er, nicht nur wegen der Autobahnen, die Hitlerzeit vergleichsweise **sehr** differenziert. Und aus all diesen Gründen sieht man ständig irgendwas an ihm verheilen.

147. Der Neo-Nazi

Gern verwendet der **Neo-Nazi** die Spraydose, um das Recht der freien Meinungsäußerung wahrzunehmen, bevor er es verbietet. Auf Friedhöfen z.B. empfiehlt er kurz, präzise und einprägsam »Juden raus«, aber nur, weil die sich speziell in Israel so intolerant gegenüber **Neo-Nazis** verhalten, obwohl die den Juden längst ihr unsymphatisches Verhalten in den Vorkriegsjahrhunderten verziehen haben.

Der **Neo-Nazi** ist ein Freund der uniformähnlichen Oberbekleidung und der Literatur. Die Geschichtsbücher von David Irving kennt er in- und auswendig und kann daher die Auschwitzlüge jederzeit bloßstellen. Regelmäßig liest er das »Deutsche Waffen Journal«, gelegentlich den »Soldier of For-

Der Neo-Nazi

tune«, weil er sich schon länger mit dem Gedanken trägt, den Job als Arbeitsloser bei den Verkehrsbetrieben aufzugeben und als Söldner für die gerechte Sache Südafrikas einzustehen. An den Militaria-Ständen des Flohmarktes würde man ihn vermissen.

148. Der Schicki

Der **Schicki** hat die Herrenkosmetik aus dem Getto der Schwulität herausgeführt. Heute legt jeder Mann von Welt Parfüm auf, um sich nicht waschen zu müssen. Tolle Fummel, Brauen nachziehen, Abdeckstift – wer sagt, daß ein Mann häßlich aussehen muß, nur weil er häßlich ist?

Häufig wird diesem Mann vorgehalten, er sei ein Hochstapler, der mit seinem beim Brotaufstrich eingesparten Geld so tue, als gehöre er dem Jet-Set an. Dabei hält gerade der **Schicki** nichts von Etikettenschwindel: Etiketten werden außen getragen und sind so echt, daß man sie auch auf die nächsten Kleidungsstücke immer wieder aufnäht. Auch alles andere in seinem Universum stylt er durch.

Gerade unter Zeitdruck muß man häufig auf den **Schicki** warten. Der Grund ist einfach: »Ich weiß nicht, was ich anziehen soll«, denn »ich habe nichts anzuziehen« und auch nicht genügend Kleiderschränke, um all dies unterzubringen.

149. Der Skateboarder

Wer findet Gefallen an einem Tretroller, dem der Lenker fehlt? Eben. Welche Haltungsnote gibt die Jury?

XXI. ALTERNATIVE

Leistungsdruck und autoritäre Strukturen, traditionelle Geschlechterrollen, Konsumzwang und die Unterdrückung von Mensch, Pflanze, Tier und Frau: alles falsch. Im Meckern sind Männer ja immer schon groß gewesen. Die **Alternativen** aber gehen noch ein Stück weiter: Alles, was ihnen nicht gefällt, wollen sie anders machen! Sie selbst. Von Grund auf und menschlich. Und dann machen sie es noch ganz anders anders, als sie eigentlich versprochen hatten – ein handelsüblicher Zollstock reicht nicht zur Vermessung der Kluft zwischen Anspruch und Wirklichkeit. Aber – wir verdanken den **Alternativen** wichtige Erkenntnisse zum Thema: Wie gut der Mensch leider nicht ist.

150. Der Hippie

Die Älteren werden sich vielleicht noch an den **Hippie** erinnern, diesen besonders farbenfroh und fraulich, dabei meist zu dünn angezogenen Mann, dem führende Unternehmen der Versicherungswirtschaft nie verzeihen werden, daß er ihre Leistungspalette fast aus der Mode gebracht hätte. Wortreich wettert der **Hippie** gegen die käufliche Sicherheit und die materielle Ebene überhaupt, weil er weiß, daß sowieso alles passiert, was passieren soll, wenn es passieren soll. Wozu wäre das Kharma sonst zu gebrauchen?

In den 24 arbeitsfreien Stunden des Tages widmet er sich den verschiedenen Trips, auf denen er (gut!) drauf ist, vor allem so ehrenvollen Aufgaben wie Bewußtseinserweiterung, Selbsterkenntnis und Einswerden mit dem Universum. Dabei verbraucht er viele Räucherartikel, die teilweise dem Betäubungsmittelgesetz unterliegen. Auf diese Weise sensibilisiert er sich für Vibrations im lebensenergetischen Bereich und wird offen für Besucher von anderen Kommunen oder Planeten.

In Frauenangelegenheiten ist der **Hippie** besonders geschmäcklerisch. Seine Prinzessin sollte ihm in der freien Liebe treu verbunden sein und einer übersinnlichen Tätigkeit nachgehen. Sie muß durchgehend geöffnet sein und lächeln, gelegentlich hexen und auf sanfte Hausgeburten abfahren. Profunde Yoga-Kenntnisse, gerade im Tantra-Bereich, werden ebenfalls gern gesehen. Der **Hippie**-Mann imponiert ihr dadurch, daß er besonders wenig zu bieten hat und wirbt durch ausgesuchte Entrücktheit, speziell zu Vollmond-Festen.

151. Der Freak

Die Grundzüge der **Hippie**-Tradition leben im Brauchtum der weniger ausgeflippten **Freaks** fort. Diese ziehen die WG der Kommune vor, weil dort Privateigentum, (S/W-)Fernsehen und Süßigkeiten zugelassen sind.

152. Der Landfreak

Von Hektik und Mief der Spießergesellschaft hat er sich losgesagt und haust nun mit Gleichgesinnten in baufälligen Bauernhäusern ohne ZH und WC – je einfacher, desto stolzer kann der **Landfreak** sein. Im Bio-Garten wird auf Selbstversorgung gehofft, und überall umgeben ihn freilaufende Ziegen und Hühner, die dieser Freund des Lebens selbstverständlich nicht tötet, sondern abholen läßt. Das klingt dogmatisch, muß aber nicht heißen, daß er **Vegetarier**, Typ 156, ist.

Das Geld kommt vom Konto, wohin es die Eltern überweisen, damit ihr Sohn vor dem Abstoßen der Hörner nicht auf die ganz schiefe Bahn gerät. Zur Aufbesserung seines Taschengeldes stellt der **Landfreak** Kerzen, Ledergürtel und andere Grundgüter des täglichen Bedarfs her, die er im Umkreis von 830 km auf Wochen- und Weihnachtsmärkten absetzt. Trotzdem lehnt er den Otto-Motor strikt ab und besitzt nur übergangsweise einen 14 Jahre alten VW-Bulli (Verbrauch: 162 l auf 830 km, gleich viel auf dem Rückweg, weil: kaum Kerzen und Ledergürtel losgeworden).

153. Der Einsiedler

Als Trapper und Fallensteller tut man sich besonders in der Großstadt schwer. Daher hat dieses wortkarge Original seinen Wohnsitz JWD oder in Sparta und keine Probleme mit Frauen, weil keine in der Nähe sind. Sie würden ihn, im Gegensatz zu den natürlicheren Wildtieren, ohnehin nur enttäuschen. Und gerade dem Schwarzwild muß der **Einsiedler** nicht erklären, daß er nur zum Schutze seines hochempfindlichen Säuremantels weder Wasser noch CD an seine Haut läßt.

Reichlich deckt die Natur seinen Tisch. Auf seinem Speiseplan stehen sommers leckere Wildpilze immer dann, wenn es nicht Brennessel gibt. Im Winter ernährt sich der **Einsiedler** aus dem Aldi-Sortiment.

Nach 0,5 bis 40 Jahren Außendienst winken diesem nicht nur mit Machete und Feuerstein geschickten Prachtkerl hervorragende Aufstiegsmöglichkeiten in modernen Lehrberufen, denn viele Menschen wollen von seinen wahnsinnig direkten und persönlichen Erfahrungen lernen. Als »Weiser Mann« laufen ihm Frauen bis ins hohe Alter nach und bezahlen ihm alles, sogar die Workshops oder Therapien, mit denen er ihnen die Wochenenden und ihr Sinndefizit vertreibt.

154. Der Stadtfreak

Man **muß** was verändern, wenn man in der Stadt lebt, vor allem sich selbst und – durch Abschneiden, Aufnähen oder Bemalung – auch die Garderobe. In dieser Hinsicht kann man sich erst zufrieden zurücklehnen, wenn einen täglich mehr als vier Personen mit Iso-Matte und Schlafsack auf einen Platz zum Pennen anhauen.

Ganz wohl ist dem **Stadtfreak** trotzdem nicht in seiner Haut: Die Arbeit könnte weniger entfremdet sein, und man ißt immer noch zuviel Scheiße von Edeka. Aber man bemüht sich wenigstens, nur unbedenkliche Materialien zu verwenden und im Bioladen einzukaufen. Außerdem sind die anderen noch schlimmer ...

In seiner Freizeit malt sich der **Stadtfreak** aus, unter welchen Umständen er ein korrektes Leben anfangen würde. Letzte Woche hat er gleichgroße Beträge für Robin Wood und Lotto ausgegeben.

155. Der Öko / der Müsli

Im Kampf gegen Yin-Yang-Ungleichgewichte lehnt er alles ab, was behandelt ist, nur im Falle seiner Freundin macht er eine Ausnahme, obwohl ihr vielleicht mit schulmedizinischen Methoden, also einer anständigen Arbeit, noch geholfen werden könnte.

Zur Unterhaltung veranstaltet der **Öko** im Freundeskreis gern das Fragespiel: »In welchen Abfalleimer gehört dieses leider nicht homogene Stück Müll?« Die Mehrheit der WG hat letzte Woche in einer außerordentlichen

Grundsatzsentscheidung für »Kunststoff« votiert, weil man im Mittel auf 51 % Plastik getippt hatte, obwohl auch einiges für Naßmüll sprach. Dann schlug einer vor, das Kondom einfach auszuwaschen und wiederzuverwenden.

Ein Nicht-**Öko k**ommt sich in diesen Kreisen so vor wie der Buschneger beim ersten Kontakt mit Manfred Wörner oder einem vergleichbar guten Beispiel für Herrenrasse: Ständig – und genußvoll – wird er auf sein rückständiges, primitives Verhalten hingewiesen, bis er endlich die wenigen hundert Seiten des aktualisiertesten **Öko**-Knigge auswendig gelernt hat.

Im Bett hebt sich dieser Mann wohltuend von der sexistischen Mehrheit ab. Er verlangt und beherrscht keine Extras. Und sonst? Wenn Sie täglich auch eine Zehe essen, merken Sie nichts von seiner Knoblauchfahne.

156. Der Vegetarier

Ein **Vegetarier** brächte es auch dann nicht übers Herz, seinem Kälbchen mit den treuen Kinderaugen den Kopf abzuhacken, wenn das liebe Tierchen ein Leben lang unter seiner Aufsicht draußen im Bio-Biotop gespielt hätte und ganz aus Sojafleisch bestehen würde. Macht nichts, er kann ja auf Soja-Steaks und Soja-Wurst von Granovita ausweichen, die er raffiniert mit Soja abschmecken – läßt.

157. Der Total Betroffene

Der **Total Betroffene** will »ganz konkret was machen, du«, natürlich zuerst bei sich selbst, wo aller Anfang gemacht werden muß und besonders schwer ist. Die Energie für seine Arbeit an sich und – viel wichtiger noch – an uns und unser aller Welt, die ihn so überaus dringend braucht, diese Kraft gibt ihm ein Dreigestirn tiefer Empfindungen: Wut, Trauer und Betroffenheit. Woher er die nimmt, obwohl er lebt wie die Made im Speck? Durch klug ausgewählte Sendungen, den »stern« und Hörensagen schaukelt er sich mittels der dort beschriebenen Zustände hoch in die gewünschten Erregungszustände. Und um eines sofort klarzustellen: das kann man mit Porno-Konsum nicht vergleichen, weil der **Total Betroffene** nicht nach wenigen Minuten schweißgebadet aufsteckt, sondern wochenlang und ganz massiv Arbeit leistet: Nicaragua-Arbeit, Überzeugungs-Arbeit, Ausländer-Arbeit, Basis-Arbeit, Trauer-Arbeit, und das alles neben seiner Arbeit-Arbeit in der Sekundarstufe I. Der Porno-Konsument leistet nur Hand-Arbeit (siehe dazu: **Wichser**, Typ 95).

Frauen trifft der **Total Betroffene** in Menschenketten, auf Mahnwachen, bei Blockaden oder in der Mensa, wo sie sich mit ihm über alles unterhalten können. Sie verfallen ihm, weil er Gefühle zuläßt, sich einbringt und fallenläßt – so unglücklich, daß er genug Schmerz empfindet, um der Damenwelt stolz seine Überlegenheit gegenüber allen Männern und speziell Indianern (die keinen Schmerz kennen!) vorzuführen: Er weint! Also ist er aufrichtig, denn Tränen sind in der Männerwelt der Täuschungen und Hochstapeleien die einzig fälschungssicheren Statussymbole – neben Narben.

Doch nicht immer ist dieser Mann nur lieb und nett. Er kann auch sehr verletzen; allerdings darf er das, weil er ja auch selbst so verletzlich ist. Wer sich offen und ehrlich zu Ehrlichkeit und Offenheit bekennt, macht sich nun mal nicht nur Freunde unter seinen Freunden.

Trotzdem findet er es gemein von den Emanzen, daß sie ihm andauernd irgendeinen »alltäglichen Faschismus« unterstellen, obwohl er ihr schwachsinniges Geblubber lächelnd über sich ergehen läßt, bevor er sich ans sachlich emotionale Ausdiskutieren macht. Wahrscheinlich wissen die nicht mal, wie »Faschismus« geschrieben wird.

158. Der Friedensbewegte

Irgendwie unfair, wenn einem im Laufe der Zeit die Entrüstungsgrundlage immer mehr entzogen wird. Man schult gerade um.

159. Der Tierversuchsgegner

Verheerend für Frauen kann es sein, den **Tierversuchsgegner** einen Blick in ihr Badezimmmer werfen zu lassen. Am Ende bekommt er noch heraus, daß sie ihre verführerische Wirkung auf Männer der Folterung unschuldiger Kuschelkaninchen in kuschelkaninchenunwürdigen Kuschelkaninchen-KZs zu verdanken haben.

160. Der Engagierte Christ

Einmal werden wir noch wach, heißa – dann ist Kirchentag. Kaum ist der **Engagierte Christ** aus dem Schlafsack gekrochen, betet er im Stadion für ein bißchen Frieden und gegen den Massenmord an ungeborenem Leben. Dann geht es weiter in der Kirche, wo von unten schmissige Protestlieder erschallen oder sogar Rock gegen... – ist ja egal was, Hauptsache teuflisch, und dabei herrscht eine teuflisch dufte Stimmung, weil sich alle auf Kommando spontan anfassen.

Gern hält sich der **Engagierte Christ** in schlecht geheizten Kirchen auf und ernährt sich von Eßpapier und dünnem Aldi-Wein, die sich unter Aufsicht einer Fachkraft in seinem Mund angeblich zu einem blutigen Stück Fleisch verwandeln. Menschenfleisch!

Eigentlich ist er ja Liedermacher. Folglich setzt er sich tatsächlich für das Gute ein. Viele Nicht-**Christen** belächeln ihn trotzdem, nur weil er etwas kann, was ihnen nicht gelingen will, weder theoretisch noch praktisch: an die unbefleckte Empfängnis glauben. Trotz gelegentlicher Glaubenskrisen im Detail steht die Existenz des Persönlichen Christengottes für den **Engagierten Christen** aber völlig außer Frage, denn warum würde man sonst überall auf unserer Welt so viele Kreuze und Kruzifixe sehen?

Frauen werden mit diesem Mann glücklich, weil er sie in sein Gebet einschließt.

161. Der New Age-Mann

Wie die moderne Zwillingsforschung vermeldet, ist der Drang zum Glauben ja angeboren. Doch nicht jeder mit diesem Geburtsfehler muß automatisch auch den Papst für unfehlbar halten – zusätzlich zu sich selbst. Heute kann man unter einer Vielfalt von Kontonummern wählen, und immer drängen neue Heilsversprechen auf den Markt, aus denen sich jeder, der kreditwürdig ist, wie an der Karstadt-Salat-Bar einen kerngesunden Religions-Cocktail zusammenstellen kann, der nun nur noch ein Dressing braucht: die sozialen Ideen der **Hippies**, Typ 150, fein gewiegt.

Meist gibt es ein Schlüsselerlebnis, das den **New Age-Mann** von der friedlichen Koexistenz metaphysischer Ebenen überzeugt hat: Erscheinungen, Visionen, Doppeltsehen – so intensiv und erschütternd, daß man gern die neun Monate Führerscheinsperre hingenommen hat.

Einmal auf den Geschmack gekommen sucht der Mann weiter, bis er findet, was es gar nicht gibt – z.B. den guten Kern in seiner Mitte, dessen Chakra-Bezeichnung mir gerade entfallen ist. Von den diversen Selbsterfahrungen erzählt der **New-Age**-Mann gern, weil er es mag, wenn man ihn um Satoris, Gruppensex, Déjà-vus, Astralwanderungen oder die formschöne Selbstbaupyramide beneidet, unter der man Vollenweider **noch intensiver** genießen kann.

Auch liebt der **New-Age**-Mann den Umgang mit Zweiflern, also der Mehrheit der Ignoranten, der man noch beweisen muß, daß es Ufos gibt und namhafte Wissenschaftler (selbstverständlich aus den USA und mit Hilfe der leistungsfähigsten Supercomputer der Welt!) jetzt endlich belegen können, was Laotse, Jesus, Christus, Castaneda, man selbst, Capra, R.A. Wilson und Franz Alt schon seit Jahrtausenden als spirituelles Wissen in Form von I Ging und Halma gewußt haben: Alles ist eines und Energie ist Materie bzw. Geist.

Aber leider sind doch viele seiner Mitmenschen der materiellen Ebene ziemlich verhaftet und total zu für transzendentalere Erfahrungen oder Belehrungen. Bei denen schlägt auch Homöopathie nicht an. Zur Strafe bekommen diese Zweifler und Spötter Krebs, während der **New Age**-Typ problemlos weiterrauchen kann. Letzte Sicherheit gaben ihm in dieser Frage Irisdiagnose und ein seriöses Geburtshoroskop (mit Aszendent, MC und sämtlichen Transiten) zu DM 150.

162. Der Spiri

Guter Gurukunde mit festen monatlichen Erleuchtungskosten in erheblicher Höhe. Einmal von der materiellen Last des eigenen Geldes befreit ist er aber auch so wahnsinnig gut drauf wie die anderen wahnsinnig guten Leute, die auch diese Wahnsinnserfahrungen mit Channelling, Rebirthing, T'ai Chi Ch'uan oder Hatha machen. Und es verbindet natürlich, wenn man so richtig unter sich ist – denn alle anderen Anwesenden waren in ihren früheren Leben ebenfalls prominent.

Freiwillig nennt der **Spiri** das, was er im »Work-Shop« erlebt, »Therapie«. Er geht offenbar davon aus, daß er krank ist. Diese Diagnose teilen viele Durchschnittsmenschen schon nach oberflächlicher Diagnose. Der **Spiri** hält sich für heilbar. Andere unterstellen ihm, ein austherapierter Fall zu sein, nur weil sie selbst noch nie Zeichen bekommen oder Stimmen gehört – also ihren Weg noch nicht gefunden haben.

163. Der Guru

Was man an Vati immer so vermißt hat, verkauft dieser Mann zu unterschiedlichen Konditionen. Manchmal genehmigt er einem ein gewisses Taschengeld ... – aber nur, wenn dadurch die Selbstfindung nicht gefährdet wird.

164. Der Sannyasin

Besonders entspannt im Hier und Jetzt geht uns diese ehrliche Orangenhaut auf den Zeiger. Einst pilgerte sie (also er) nach Poona, weil der »stern« diesem indischen Ort angedichtet hatte, hier ließen gar nicht mal so unknusprige weiße Frauen nicht nur aufgrund von Männermangel Männer ran, die bei nicht Weggetretenen keine Chance hätten. Nach dem Heimgang des göttlichen Rolls-Royce-Beifahrers hat das nachgelassen.

Der **Sannyasin** ist der ideale Mann für – ja, eigentlich nur für eine, die mitreden kann, also auch schon mal in Poona war – oder wenigstens in Oregon, wo sie täglich 12 Stunden gratis in der Gruppe an der Erfindung eines bahnbrechenden Pizzagewürzes ähnlichen Namens arbeitete.

165. Der New Age Yuppie

Sein Spezialgebiet ist die ganzheitliche Synthese: Westliche und östliche Weisheit verschmilzt der **New Age Yuppie** zum sanften Management und verläßt dann die Gehirnwäscherei mit dem Gerd-Gerken-Prüfstempel. Es darf geduzt und gelächelt werden, das steigert die Leistungsbereitschaft der Mitarbeiter, denen er einen zu hohen Stundenlohn bezahlt, wenn man bedenkt, wieviel sie von ihm lernen.

Der **New Age Yuppie** hat kein Problem mit dem 7er BMW, weil er Positives Denken beherrscht, in der Frühstückspause meditiert und Geld ja auch irgendwo Energie ist (und damit auch Materie und Geist!). Außerdem ist es vorbestimmt, daß manche eben natürliche Führer sind. Früher waren das die Weisen Männer und Schamanen, die Ältesten oder Alleraltesten – heute übernimmt er den schweren Auftrag, weil man mit 38 viel dynamischer ist und noch viel Geld braucht, also Geist.

166. Der Esoteriker

Die Welt ist voller Mysterien, aber man braucht Augen und geheimwissenschaftliche Fachbücher, um sie zu sehen. Überall entdeckt der **Esoteriker** Symbole für alle möglichen Urwahrheiten, Symbole, die meist so verschlüsselt sind, daß sie allen anderen auch dann nicht auffallen, wenn man sie mit der Nase auf sie oder den zugehörigen Text stößt.

Der **Esoteriker** glaubt nicht einfach blind drauflos; er ist ein gefühlvoller Vernunftmensch, der die logische Systematik der Naturwissenschaft auf das anwendet, was unsere Schulwissenschaftler heute **noch** nicht sehen, und man muß leider sagen: oft auch nicht sehen **wollen**. Ein echter **Esoteriker** unterscheidet z.B. sorgfältig zwischen ernsthaften (DM 150) und unseriösen Horoskopen (im »stern«, für DM 3,40 einschließlich der restlichen, eher uninteressanten Seiten).

Wo es aber **Beweise** gibt, da darf man wohl auch überzeugt sein! Und man staunt, wie haargenau die Prophezeihungen der großen Illuminaten und Weißmagier von Nostradamus bis Tessier in Erfüllung gegangen sind: Zweiter Weltkrieg, Steffi siegt im French Open, Attentat auf Beckurts. Es war eine ganz schöne Arbeit, nachträglich herauszufinden, welche Ereignisse jeweils im Urtext gemeint waren.

167. Der Psycho

Besonders gern knöpft sich der **Psycho** Leute vor, die sich für gesund oder sogar gesünder halten als ihn, also krank sind. Über viele therapeutisch wertvolle Stunden erklärt er ihnen, wer sie wirklich sind – ganz tief drinnen. Schon fünf Minuten nach dem Kennenlernen nämlich gilt bei einem so reifen und empfindsamen Menschen wie dem **Psycho**: »Ich kenne dich besser als du dich selbst.«

Den »Weg zu deinem wahren Selbst« zeigt er Ihnen gerne, auch die passende Abkürzung findet er im Schlaf oder kurz davor, denn er ist der einzige Mann, der sich Frauen tatsächlich widmet, zu deren Heilung anderen Männern nur einfällt: »Die müßte nur mal richtig gefickt werden!« Der **Psycho** tut es, aber nützen tut es nichts. Vielleicht schafft, gleich nach dem Aufwachen, eine Traumadeutung Klarheit über die ewige Frage nach dem Warum und dem »Wie Spät?«.

XXII. LINKE

Die Welt ist schlecht, der Mensch aber, bei aller Faulheit des Fleisches, im Kerngehäuse gut. Daran glaubt der **Linke**, weil er so realistisch ist wie die meisten Angehörigen anderer Naturreligionen auch. Man müßte die Massen in der BRD nur mobilisieren, damit sie für etwas kämpfen, was sie leider nicht schmerzlich vermissen, weil wir ja auf Kosten der Dritten Welt leben.

Kaum daß die gesellschaftlichen Verhältnisse geändert sind, möglichst radikal und revolutionär, dann wird ... – ja was? Das sehen wir dann schon ..., jetzt gehen andere Sachen vor.

Frauen dürfen sich nie anmerken lassen, für was sie Volkskrieg und Antiimperialismus wirklich halten – nämlich noch so ein Männerhobby wie Eishockey oder Zierfische. Gerade die **Linken** verlangen, daß man sie ernstnimmt – **noch** ernster als den Manta-Fahrer!

168. Der 68er

Die Schuld am Scheitern seiner unwiderlegbar optimalen Ideen trägt die »Bild«-Zeitung: Dieses Kampfblatt hat die unterdrückten Massen so nachhaltig verblödet, daß sie nicht begreifen wollten, wie schlecht es ihnen ging und den Studenten den revolutionären Gehorsam verweigerten.

Aber der Kampf ging weiter. Der **68er** brach auf zum Langen Marsch durch die Institutionen. Doch luden links und meistens rechts des Leuchtenden Pfades Naturschönheiten den Wanderer zum Verweilen ein, so daß **68er** mit abgeschlossenem Studium sich gern am Wegesrand niederließen – nur **vorübergehend** natürlich, denn das rote Nomadenblut der Systemüberwindung pulsierte noch immer in ihren Adern. Auch in Sachen Weltrevolution gilt zum Glück wie bei allen anderen Arbeiten: Aufgeschoben ist nicht aufgehoben – »In der Zwischenzeit bekämpfen wir das System von innen!«

Zugegeben, nicht immer ließ sich dabei jeder berufliche Erfolg vermeiden. Andererseits: Was soll der Farbbeutel auf dem brandneuen Mercedes 190 Diesel des **68ers**? Da hat man die Jugend so vorbildlich antiautoritär erzogen, und nun können die Möchtegern-Rebellen-Rotznasen nicht einmal zwischen Freund und Feind unterscheiden! Diese Typen sind fast so schlimm wie der Rest der Jugend, der nur an Klamotten und Karriere denkt. Und keiner schreitet ein ...

Wie für alle Veteranen der kämpfenden Truppen ist für den **68er** die Zeit leider nicht stehengeblieben. Aber wenigstens steht die alte Kneipe noch, wo man sich mit bewährten Kämpen trifft, geeint in der Ablehnung von Kapitalismus und Friseurberuf. Hier tägt man noch die alte Tracht (Cord, Parka, Nickelbrille) und qualmt Reval ohne, weil es eine »mit« immer noch nicht gibt. Welche Erholung von der entfremdeten Situation im Büro! Dort muß sich sich der **68er** den Erwartungen beugen, die die arbeitendenden Massen an einen wie ihn haben: Man **zwingt** ihn dazu, Anzug und Krawatte zu tragen – er erträgt es, denn er ist ja auch Chef gegen seinen Willen.

Sein neben der Befreiung der Arbeiterklasse zweitgrößtes Ziel hat der **68er** auch nie erreichen können: Aus ihm wollte und wollte kein Arbeiterkind werden, aus seinem Sohn leider auch nicht.

169. Der Rädelsführer

Die antisystematische **Stimmungskanone**, Typ 103, aus der dann ein **Promi**, Typ 175, wird.

170. Das RAF-Original

Das **RAF-Original** denkt nicht mit den grauen, sondern mit den Roten Zellen, und zwar so: Wenn das Schweinesystem so schweinisch schlau ist, daß sich seine Sklaven wohl in ihm fühlen, dann muß man das Schweinesystem dazu bringen, sich so schweinisch schweinisch aufzuführen, daß die Massen endlich die Revolution wollen müssen. Das klingt kompliziert und ist es auch, aber glücklicherweise haben sich **RAF-Originale** längst daran gewöhnt, daß niemand ihnen folgen kann, auch weil der Dienst-Golf des diensthabenden Streifenbeamten dafür viel zu langsam ist.

Den Berufsrevolutionär mit den ausgefallenen Finanzierungsmethoden begeistern komplizierte elektronische Basteleien mit Reiseweckern, lichtbeschrankten Autobahnübergängen und explosiver Knetmasse, ganz ähnlich dem gemeinen **Bastler**, Typ 76, der aber bei seinen schriftlichen Aufzeichnungen selten auch nur annähernd so klein schreibt wie ein **RAF-Original**: Dessen vielbändiges Lebenswerk voller Attentatspläne, schwarzer Listen und indoktrinierender Kettenbriefe muß zusammengerollt in den Kugelschreiber eines Anwaltes passen. Zu den lyrisch interessantesten Kassibern motiviert ihn übrigens die Iso-Folter.

Sein aufregendes Leben voll spontaner Schußwechsel bezahlt das **RAF-**

Original durch einige ganz konkrete Nachteile: ungesunde Ernährung, vor allem bei Hungerstreiks, und obendrein muß man ständig OP-Handschuhe aus Gummi tragen, schon wegen der Fingerabdrücke. Dieser Mann leidet auch sehr unter Komplexen, vor allem dem Minderwertigkeits- und dem Militärisch-Industriellen-Komplex (abgekürzt MiKo und MIK), die er beide mit der Waffe bekämpft.

Etwas heikel steht es um die Zeit nach der verspäteten Pubertät. Besser als Abtauchen bewährt sich Abschwören, dann allerdings allem: Besonders schwer fällt der Entzug bei den suchtartig verwendeten Abkürzungen und Fachtermini, aus denen man die holprigsten, also schönsten, Bekennerformbriefe nach dem Baukastenprinzip zusammenstückeln kann.

Das **RAF-Original** ist nur sehr schwer zu finden und interessiert sich nicht sonderlich für Frauen. Schade, mag manche nun denken, weil der **RAF-**Mann gerade nach Banküberfällen die Taschen seiner Spendierhosen voller Geld hat. Ja, schade, selbst die Trennung wäre versüßt, weil das BKA für sie eine Abfindung von 50.000 DM ausschüttet[1].

Es stand übrigens schon mehrfach in Zeitschriften, daß gewisse mutmaßliche Terroristen gut im Bett seien, so gut, daß man ihnen hörig werden kann, vor allem allerdings als Pastorentochter (wie die inzwischen deswegen verschiedene Gudrun Ensslin). Leider wird diese Virilität oft durch eine sehr begrenzte Lebensdauer des **RAF-Originals** erkauft. Und außerdem: Andreas Baader nannte seine tapferen Mitstreiterinnen meist »Fotze« – auch nicht unbedingt die feine englische Art.

171. Die RAF-Fälschung / der Sympathisant

Schroff fällt die männliche Originalität ab, wenn es aus den Höhen von Kommandoebene und Hartem Kern hinunter geht in die Niederungen des Sympathisantenumfeldes mit weichem Keks.

Aber für Überraschung ist auch hier gesorgt. Nehmen Sie es Ihrem Mann oder Freund bitte nicht übel, wenn plötzlich mitten in der Nacht ein verfüh-

1 Obwohl die letzten Hauptgewinne aus dem Terroristen-Jackpot überwiegend in die DDR gegangen sind, lohnt das Mitspielen auch im schon länger freien Westen.

rerisch maskierter Bursche neben Ihrem Bett steht, von dem Ihr Intimpartner sagt: »Das ist Udo, der schläft heute mal bei uns.« Der **Sympathisant** braucht das, und vielleicht legt es sich ja.

172. Der Grüne

Die Rote Armee Fraktion war nie so groß wie die Grüne Fraktion, die sich auch durch einen Ordentlichen Vorsitzenden von den eher unordentlich auftretenden **RAF-Originalen**, Typ 170, unterscheidet und sich noch stärker für Verfahrensfragen und die Feinheiten der Geschäftsordnung interessiert. Sonst? Siehe **Vereinsmeier**, Typ 101, und **Stammtischbruder**, Typ 102.

173. Der Realo

Der typische **Realo** hat die K-Gruppe irgendwann als irgendwo nicht ganz so wahnsinnig relevant abgestempelt – allerdings irgendwie vor allem ganz individuell für sich. Er mag es nicht so dogmatisch, auch was Staubsaugen und Spülen betrifft: Er ist gegen das Rotationsprinzip, aber für die Arbeitsteilung, also den Starkult.

In der Grünen Partei dominieren leider die brutalen **Fundis**, die vom Wähler abgelehnt werden. Weil sie aber irgendwann resignieren werden, das liegt in ihrem Wesen, wartet der **Realo** auf seine Stunde. Jahrelang.

174. Der Fundi

Die CSU der Grünen hat besondere Probleme mit dem Gewalt-Monopoly. Gern erinnert sich der **Fundi** an die so einleuchtenden Dogmen des ML, des DiaMat und Bhagwanismus und fragt sich, warum deren Begreifen nicht längst Pflicht ist. Er ist grundsätzlich gegen alles, was in den Verdacht geraten ist, auf irgendeine noch so absonderliche Art dann trotzdem doch ein klitzekleines bißchen vernünftig zu sein. Noch schlimmer findet er natürlich das Durchsetzbare.

Man muß den **Fundi** also bewundern, weil er ein so scharfer Denker ist, daß auch die Realität seinen Erkenntnissen nichts anhaben kann.

175. Der Promi

Grüner, der Kindern Autogramme geben muß.

176. Der Juso

Menschenähnliche Lebensform, die sich für den Fall, daß sie in allen anderen Berufen versagt, den Weg in den Bundestag offenhalten will.

177. Der Sponti

Der **Sponti** hat keine Lust, irgendeine Ideologie auswendigzulernen. Er denkt einfach, was ihm in den Kopf kommt – und das kann fast alles sein, was zwischen nichts und fast nichts Platz hat.

Wenn ihm ein Streich einfällt, dann spielt er ihn spontan und überlegt sich danach ein witziges Motiv für die Schelmentat, das schon irgendwie ein bißchen politisch klingen sollte, aber nicht unbedingt muß. Man darf alles nicht so eng sehen. Spaß, das ist die beste Politik, und mit echtem Terror kann man die Welt auch nicht besser machen als mit Ladendiebstahl bei Karstadt, Luftrauslassen an Daimlern oder flotten Klo-Kritzeleien.

Doch damit ist seine Intelligenz noch nicht ganz aufgebraucht: Bei der Benutzung von Lackspraydosen (heute natürlich ohne FCKW) kommt es fast nie zu Bedienungsfehlern. Die Sprüche des **Spontis** kann man an vielen Gebäuden lesen, und so entstand in der »Spiegel«-Redaktion das Bild, dieser Männertyp sei so erfrischend lustig, frei und ungezwungen, wie man das früher neidvoll Zirkusleuten, Zigeunern und dem Kirmes-Personal unterstellt hatte.

178. Der Autonome

Wem die **RAF-Originale**, Typ 170, zu spießig, die **Spontis**, Typ 177, aber zu harmlos sind, der macht am besten eine Ausbildung zum **Autonomen**, sofern der Arzt keine Allergie gegen Skimasken, Sicherheitsschuhwerk, Alkohol, Sturzhelme, Lederjacken oder Gummiknüppel festgestellt hat. Auch Bluter haben an den Demonstrationen wenig Freude, die erst durch den Einsatz der **Autonomen** wirklich sendefähig werden. Natürlich geht es immer um irgend etwas so wesentliches wie die Erhaltung wichtiger Touristenattraktionen, also z.B. der Hafenstraße.

Der **Autonome** wird straff von Personen geführt, die sich auf unzähligen Diskussionen im Plenum als besonders brüllstark und gleichzeitig intelligent genug erwiesen haben, Strommasten mit dem bloßen Auge zu erkennen und von einem bevorstehenden 1. Mai – jenem Datum, an dem kategorisch randaliert werden **muß** – schon etwa Mitte April auf den Wochentag genau zu erfahren.

Und wie sieht's mit der Liebe aus? Von der begabten Schriftstellerinnenimitatorin Svende Merian wissen wir, daß **Autonome** keine Kondome benutzen, sondern sich lieber mit Zwillen schützen. Außerdem ist man nie allein, denn wo auch immer ein **Autonomer** vier Quadratmeter unbewohnbare Wohnfläche erobert hat, nisten sich etwa sechs weitere seines Schlages ein und bringen jeweils zwei Promenadenmischungen zu Heizzwecken mit, weil die Folie im Fensterloch zwar romantisch ist, aber im Winter leider nicht immer reicht, die für Schwaben typische Gemütlichkeit zu erzeugen.

179. Der Hausbesetzer

Weil er sich verbessern wollte, hat der **Hausbesetzer** das Jugendzimmer im Haus seiner Eltern verlassen – das Nest in einem Nest in Baden-Württemberg. Nun wohnt er in einer größeren Gemarkung – z.B. Berlin. Er behauptet, er würde seine neue Wohnung renovieren, sobald man sie ihm geschenkt hat, wurde aber mit dieser Wette nicht bei »Wetten, daß ...?« zugelassen, weil es nichts gibt, was er tun könnte, wenn er die Wette verliert.

Die kluge Frau entscheidet sich trotz seiner Unappetitlichkeit, seiner dialektschweren Zunge und allgemeiner Schlichtheit des Gemütes für einen **Hausbesetzer**, denn kaum drei Jahre später kann sie mit ihm und einem gemeinsamen Kind zurückgehen in sein Heimatkaff, wo er endlich das elterliche Geschäft übernimmt. Nun muß sie den Schwiegereltern nur noch erklären, wem sie die Läuterung des verlorenen Sohnes zu verdanken haben ...

XXIII. NEUE MÄNNER

Im linksalternativen Milieu haben ein paar schlaue Frauen die Köpfe zusammengesteckt und sich jene **Neuen Männer** ausgedacht, die das Land braucht. Dann[1] gingen sie im Bekanntenkreis auf die Suche nach Freiwilligen.

Vor die Wahl gestellt, sich zu fügen oder einen neuen Bekanntinnenkreis aufbauen zu müssen, entschieden sich diese Männer für eine Karriere als einer der **Neuen Männer**, zumal der »stern« versichert hatte, **Neue Männer** müßten sich nicht ständig das Gesülze von der männlichen Unterdrückung anhören, das die meisten Frauen statt eines Vorspiels anstimmten.

Vielen Männern gefiel zudem der demokratische Grundgedanke: Auch **Ungesunde**, Typ 213 ff, und **Verlierer**, Typ 188 ff, hatten als **Neue Männer** eine Chance – oft die erste und vielleicht die letzte.

Und doch hielt die Begeisterung für die Antwort auf den Chauvinismus nicht lange. Zwischendurch entdeckten die Erfinderinnen des **Neuen Mannes** die Neue Mütterlichkeit und wollten nur besamt werden, um dann all ihre Liebe gerecht zwischen Einzelkind und Einzelkanarienvogel aufzuteilen – ohne Männerbeteiligung. In der folgenden Saison stand im »stern«, daß emanzipierte Frauen heute so stark sind, daß sie als Ausgleich für die eigene Stärke einen **Macho**, Typ 4, brauchen, am liebsten einen, der sie an den Heizkörper fesselt. Ja – was denn nun?

180. Der Softie

In Tierversuchsreihen mit Pudeln, Katzen und dem »Steiff«-Sortiment hatten sich die Eigenschaften schon als erwünscht erwiesen, die sich dieser Mann dann hat implantieren lassen: süß, weich, lieb, zärtlich. Doch wozu ist ein Mann noch gut, wenn man ihm nichts vorwerfen kann? Soll man als Frau etwa auf das natürliche Grundbedürfnis nach Keifen und Szenemachen verzichten?

Außerdem raubt einem der **Softie** wertvolle Freizeit, denn ständig hat er Anspruch auf Verständnis für seine unzähligen Probleme und möchte dauernd irgendwas ganz partnerschaftlich besprechen, um nur ja nicht den Fehler einer eigenständigen Über-den-Kopf-Entscheidung zu riskieren.

---

1 Vorher haben sie – ohne Erfolg – die Suchanzeige an jede Wand gesprüht.

Selbst für eine Frau, die eigentlich gar keinen Mann will, ist dieser Mann nicht der richtige. Der **Softie**: Die Frau mit männlichen Geschlechtsmerkmalen war wohl doch keine sooo gute Idee . . .

181. Die Schulter

Sein selbstgestrickter Pullover mit dem Norwegermuster ist saugfähig genug auch für die schlimmste Krise. Er hört stundenlang zu – es kann ihm gar nicht zu schwachsinnig werden, denn schließlich will er, daß man ihn braucht, trotz seines Bartes. Man kann sich sogar bei ihm einquartieren, ohne daß er auf Gedanken kommt. Eigentlich super, aber diese Unverbindlichkeit wird unangenehm, wenn Sie ihn an sich binden wollen. Sind Sie sicher, daß Sie sich genügend neue Probleme für seinen täglichen Notdienst ausdenken können?

182. Der Hausmann

Der **Hausmann** wurde frei erfunden, um das Gerücht zu widerlegen, ein arbeitsloser Lehrer sei sogar unfähig zum Aufgießen der leckeren »Fünf-Minuten-Terrine«. Dabei kann er noch viel, viel mehr: So beherrscht er z.B. den Preisvergleich aus der Tageszeitung. Schon nach wenigen Monaten hat er sich in diesem Zusammenhang für eine lokale Gazette entschieden, weil Ingolstädter »Plus«-Märkte so selten in der »Frankfurter Rundschau« annoncierten.

Das Staubsaugen beherrscht er auch ganz manierlich, und sogar bei der Bedienung des Waschvollautomaten kommt es inzwischen wesentlich seltener zu Verfärbungen als in der Zeit, als seine voll berufstätige Lebensgefährtin ihm die Welt des Textils noch nicht so oft erklärt hatte. Jetzt will er dauernd wissen, wann denn wo welcher aprilfrischehaltige Weichspüler reingegossen wird – und natürlich auch, warum.

183. Der Neue Vater

Dieser interessante Männertyp übernimmt seinen Anteil an der klassischen Mutterrolle nicht nur, weil er schon immer so eine Art Umstandsmode bevorzugt hat. Er hofft auf sechs Hunderter jeden Monat, ein pralles Baby-Jahr lang, und beantragt nach jedem Beischlaf vorsorglich Vaterschafts-

Der neue Vater

urlaub. Das Wachsen der Leibesfrucht kommentiert er mit den Worten des unsterblichen Fernsehmoderators und CDU-Alibiisten Franz Alt: »Wir sind schwanger.« Franz ist **auch** schwanger!? Toll! Und alle hatten gedacht, seine Frau kocht zu kalorienreich.

In einer entschärften Variante kommt der **Neue Vater** besonders häufig vor: Es handelt sich dabei um den Partner einer Frau, die vergeßlich ist oder die Pille nicht verträgt. Nun will man nicht gleich wieder eine eigene Wohnung suchen müssen, nur weil sie sich an das Versprechen von der Abtreibung nicht erinnern will. Man hat vom Ablauf der sozialen Indikationsgrenze an noch sechs Monate Zeit, um sich eine schmissige Kehrtwende einfallen zu lassen – von den SED-Kadern lernen heißt siegen lernen. Denn viele Bekannte werden sich an die alten Sprüche des **Neuen Vaters** erinnern, von wegen »wie unverantwortlich in unserer Zeit . . ., und dann das Geschrei, der Streß, die Scheiße und die scheiß Verantwortung.«

184. Der Alleinerziehende Vater

Das ist der Bursche, der in der primitiven Gartenlaube lebt und mindestens 14 Stunden am Tag Knochenarbeit leistet, trotz Knochenkrebs, nur um seine unheilbar einsiedlerkrebskranke Tochter durchzubringen – und seine kerngesunde Ex-Frau, samt ihrem Luxus-Schlitten und der einst gemeinsamen Villa, die sie mit ihrem neuen, kerngesunden Freund teilt. Natürlich hängt seine Tochter sehr an ihrem **Alleinerziehenden Vater** – weil sie tapfer ist.

185. Der Wohngemeinschaftler

Es war gar nicht einfach für ihn, denn nur wer diverse Mutproben und nazimäßig unbarmherzige Verhöre durchgestanden hat ohne weichzuwerden, darf seinen Namen endlich auch auf dem Putzplan der Wohngemeinschaft lesen.

Ewige Bande schmieden ihn an die anderen Mitglieder, auch wenn man Differenzen hat und diese in nächtelangen Gesprächen genießt. Gegen den äußeren Feind aber hält man zusammen, egal ob Vermieter oder neue Partner. Für die Welt der Frauen ist der **Wohngemeinschaftler** daher auf immer verloren. Ständig redet er sich auf die Gruppe heraus, die er nicht im Stich lassen kann. Immer gibt es auch jemanden aus der WG, der für ihn lügt.

Das ist ihm die Gruppe schuldig, und außerdem hat sie jahrelang in seine Ausbildung investiert, bis er endlich gelernt hat, sein Wasser im Sitzen zu lassen oder eine der Granini-Flaschen neben seinem Bett zu benutzen.

186. Der Neue Mann

Als eine Mischung aus Franz Alt und Jesus Christus beschreibt Franz Alt den **Neuen Mann**, der »stern« fügt Extras wie Don Johnson, Muskeln und Intelligenz hinzu. Der **Neue Mann** beherrscht alles, was man sich vorstellen kann, und selbstverständlich auch dessen Gegenteil. Spontan und unterhaltsam wechselt er auf Zuruf oder, wenn dies gewünscht wird, auch auf ganz eigene Initiative vom liebenswerten, aber unerotischen **Softie**, Typ 180, für ein paar knisternde Stunden des raffinierten Liebesspiels in die Rolle der **Machos**, Typ 4, mit all den kleinen Brutalitäten, die Frauen lange nicht scharf finden durften. Und am nächsten Tag fragt dieser Partnertyp seine Partnerin dann um irgendeinen Rat, respektiert sie, läßt Freiräume und putzt liebevoll das Klo[1].

---

1 Wenn sein Schatzi es gestern schon sauber gemacht hat, ist es heute viel weniger Arbeit als in zwei Monaten.

Weder Franz Alt noch Jesus Christus putzen natürlich Klos. Zu Zeiten von Jesus gab es weder Klos noch Domestos, und Franz Alt hat einfach keine Zeit. Verdammt: Dann ist er also doch kein **Neuer Mann**? Oder darf der **Neue Mann** auch mal keine Zeit haben, vorausgesetzt seine Partnerin findet das irgendwo auch okay? Manchmal schon, denn gerade beim **Neuen Mann** gilt: kommt ganz drauf an – vor allem wenn seine Frau, wie wahrscheinlich Frau Alt, in vielen Ehejahren fürs Kloputzen eine besondere Leidenschaft entwickelt hat. Dann kann sie sich mit allem Recht der Welt **Neue Frau**[1] nennen, sogar **Ganz, Ganz Neue Frau**.

187. Der Antiheld

Stärke, Mut und Selbstaufopferung – diese typisch weiblichen Eigenschaften wirken an einem Mann besonders lächerlich. Der Held ist daher nur noch bei primitiven Frauen gefragt, und die gibt es bekanntlich nicht. Wieviel sympathischer strahlt da der **Antiheld**: ein durchschnittlicher Niemand, der dann im Laufe der Filmhandlung doch verschämt seine versteckten Märchenprinzqualitäten offenbart. Von ihm können Sie angstfrei ein Gebrauchtfahrzeug kaufen.

1 Schon jetzt existiert ein gleichnamiges Fachblatt für sie.

XXIV. VERLIERER

Glücklich – und überaus beneidenswert – sind die, die nicht merken, wie unglücklich sie sein müßten! Doch das ist nur eine Minderheit unter den **Verlierern**. Die meisten Losertypen bekommen nämlich ihr Versagen erklärt. Einsichtige Verlierer trinken aus Frust, uneinsichtige auf künftiges Gelingen. Wirklich schlimm wird es bei einer dritten Kategorie, den **Verlierern**, die keine Zukunft sehen, aber entgegen anderslautenden Versprechungen trotzdem nicht springen. Sogar hier versagen sie noch. Und trotzdem wollen wir die Vorteile sehen: Man kann dem **Verlierer**, und zwar jedem, dauernd und berechtigt prima Vorwürfe machen und muß sich nicht erst komplizierte Argumentationsketten schmieden.

188. Die Null / der Versager / die Niete

Es kann nicht immer alles gelingen, vor allem das nicht, was man gar nicht erst versucht, weil man Realist ist. Das hinterläßt manches Mal den faden Geschmack der Enttäuschung. Doch kluge Frauen sehen gern über das Generaldefizit der **Null** in den Bereichen Geld, Ansehen, Aussehen und Bett hinweg, so aufrichtig dankbar sind sie ihrem **Versager** dafür, daß er ihnen das schmeichelhafte Gefühl gibt, nicht selbst die Niete zu sein, für die man sie nach Aktenlage halten würde.

189. Der Pechvogel

Zum falschen Zeitpunkt kann man am falschen Ort die falschen Leute falsch behandeln – und schwupps, schon ist man ein Opfer der Umstände, bzw. Gesellschaft. Das Schicksal nicht zu vergessen! So zerschlägt sich auch der schönste, größte Plan, obwohl eigentlich nichts schiefgehen **konnte**. Doch leider: In letzter Sekunde stellte sich heraus, daß nicht jede Kneipe eine Goldgrube ist. Wer aber nichts als Wirt wird, der wird auch nichts mit einer Videothek, nicht mal von Ihrem Geld.

Kaum 200 derartige Rückschläge hat der **Pechvogel** hinter sich, da ist er endlich sicher, daß ihm grundsätzlich nichts gelingt.

190. Das Opfer

Er ist es gewohnt, daß andere ihm etwas antun. Sie können Ihrer Fantasie also freien Lauf lassen.

191. Der Feigling

Jeder Mann, der zwischen seinem 4ten und 34ten Lebensjahr niemanden ins Krankenhaus geschickt hat oder nie selbst dort geflickt werden mußte.

192. Der Pleitier

Abgestiegener **Geschäftsmann,** Typ 55 ff, der das Opfer einer Weltverschwörung geworden ist: Die Herren Blutsauger von Großkapital und Steuerbehörden bringen ihn um seine Existenz. Sie sind ferngesteuert von weltfremden Politikern im Sold jener Gewerkschaften, von denen sich die betrügerischen Mitarbeiter so nimmersatt vertreten lassen. Dazu treten solidarisch die Kunden des **Pleitiers** mit ihren überzogenen Ansprüchen an Qualität und Termine. Kurz: Der Gerichtsvollzieher ist noch der Netteste von diesem Pack! Der tut nur seine Pflicht, wenn er Justizirrtümer vollstreckt.

Das klingt verbittert. Sie können aber wunderbar glücklich sein mit diesem Bankrotteur, vorausgesetzt daß Sie ihn in den fetten Jahren kennengelernt haben, damals, als er noch etwas hatte, das er zur Sicherheit auf Ihren Namen überschrieben hat.

193. Der Offenbarungseidige

In Fall des eidesstattlichen Versicherers gehört der 560er Daimler ohne Typenschild Ihnen, genauso wie die großzügige Garage und die ihr angegliederte Villa mit Pool. Das Geld, das Ihr Mann mit sich herumschleppt, verdient er sich redlich bei Ihnen als Fahrer und Au Pair. Sein Pauschsatz liegt bei exakt DM 470 mtl. – eigentlich billig, wenn man bedenkt, daß er sich Ihnen den ganzen Tag über im Haus zur Verfügung und -gnügung hält, obwohl gutes Personal heutzutage sooo gesucht ist. Er mag Sie halt.

194. Der Lebenskünstler / der Sozialschädling

Lange hat er gebraucht, um sich im Selbststudium zum Experten auszubilden und sämtliche Formulare der verschiedensten Behörden ohne Hinsehen mit der optimalen Wahrheit vollschreiben zu können. Wer glaubt, dieser Mann ginge auf Nahrungssuche von Pontius zu Pilatus, der irrt sich anständig: Schon bei Pontius bekommt er alle seine Wünsche erfüllt. Oder es hagelt die 114te Dienstaufsichtsbeschwerde an die Zentrale in der nächstgelegenen ewigen Stadt.

Krankschreibungen durch die Ärzte seines Vertrauens zählen zu den alltäglichsten Herausforderungen an den **Lebenskünstler** und seine Schauspielkunst. Ansonsten nimmt ihn und er in Anspruch: zinsgünstige Einrichtungsdarlehn, Familiengründungsbeihilfe, Zielsparen ohne Geld, Städtepartnerschaften, Literaturstipendien, Kunst am Bau, Arbeitslosenhilfe, Zuschuß zur Bekleidung, Einkaufsgutscheine (noch vom letzten Weihnachtsfest), Einnahmen aus Kettenbriefen, Wohngeld, Diäten – die vollständige Liste schickt er Ihnen gegen einen apothekertypischen Unkostenbeitrag gern zu.

195. Der Parasit / der Schnorrer

Besonders kommunikativer Mann, der sich regelmäßig und liebevoll um seine Freunde kümmert. Reihum erfreut er sie durch Überraschungsbesuche und weiß nie, was ihn in befreundeten Haushalten erwartet, wie z.B. die Stimmung im Kühlschrank ist.

Doch wendet er sich nicht gleich beleidigt ab, wenn man ihn nicht so nett aufnimmt, wie die gute Kinderstube es nahelegen würde. Tolerant wie er ist, bleibt er noch ein bißchen, weil sich die Versorgungslage im Laufe der nächsten sechs Wochen abwechslungsreich verändern kann. Wenn man ihn am 40sten Tag rausgrault? Er reagiert zwar empfindlich auf die mangelnde Gastlichkeit so mancher Egoisten, ist dabei aber nicht so nachtragend, daß er nicht in der übernächsten Woche noch mal reinschauen würde.

Gern gibt der **Schnorrer** Einkaufstips und schlägt leckere Gerichte vor, die er, nach Begleitung ihrer Zubereitung durch gute Ratschläge, freiwillig testißt und restlos – also umweltfreundlich – vor dem Wegwerfen rettet, durch persönliche Vertilgung.

Das Verhältnis des **Parasiten** zu seiner Wirtsumwelt mag auf den ersten Blick nach einer gewissen Einseitigkeit aussehen. Aber eines Tages wird er sich ganz groß revanchieren, und zwar mit Zinseszins und Götterspeise satt.

Bereits heute hat er einiges an Gegenleistung zu bieten: das befriedigende Gefühl, man habe in Sachen Nächstenliebe das Plansoll mehr als übererfüllt, ohne an eine anonyme Organisation gespendet zu haben, wo die Gelder sowieso irgendwo in der Verwaltung versickern.

Politisch steht der **Parasit** in der Nähe von Kurt Biedenkopf und kämpft im Schulterschluß mit diesem sympathischen Querdenker (und **Verlierer**-Kollegen) für die Grundrente ab 18. Sie sollte sich in etwa bei einem Lehrergehalt einpendeln.

196. Der Langzeitarbeitslose

Wer hat schon gern ein deprimiertes Opfer der Strukturkrise um sich? Also werfen Sie diesen Versager raus, sobald er alle Kleinreparaturen in der Wohnung erledigt hat. Was heißt da unmenschlich? Wer **wirklich** arbeiten will, kann auch arbeiten! Und wie oft hatten Sie ihm geraten, er solle sich doch endlich eine anständige Schwarzarbeit suchen!?

197. Der Interessante Fall

Die Zeit mit diesem Mann vergeht wie im Tiefflug. Garantie! Man kann es kaum glauben, was er über seine Vergangenheit erzählt, und er selbst würde es auch nicht glauben, wenn er es nicht selbst schon so oft erzählt hätte.

Andererseits sprechen diverse wunderliche Eigenschaften für den Wahrheitsgehalt seiner Stories: Woher hat er diese exotischen Narben? Warum verläßt er das Haus nur im Tarnanzug und über eine Strickleiter durchs Badezimmerfenster, seit ihm der Weg durch die Spülung zum umständlich geworden ist? Hat er wirklich schon getötet, wie er es im Traum so oft murmelt? Hat er schon mal gelebt und, wenn ja, war er tatsächlich Pipin der Kleine?

Vor allem würden Sie eines gern wissen: Öffnen sich ihm wirklich alle Türen, nachdem er einen entscheidenden Anruf nach ganz, ganz oben getätigt und alle die ca. 400 Schlüssel ausprobiert hat, die bei jedem seiner Schritte am Gürtel klingeln?

Unterhaltsam ist er ja, aber er könnte auch gefährlich sein – nicht immer nur für Angreifer, die nicht ahnten, daß sein 24teiliges Offiziersmesser bei jedem Anlaß in der Hosentasche aufklappt. Er mag es nicht, wenn man ihn zu kennen glaubt, neugierig ist oder das Interesse an ihm verliert.

198. Der Entlassene Strafgefangene

Vorsicht! In letzter Zeit geben sich ganz und gar unbescholtene Bürger an Wohnungstüren als **Entlassene Strafgefangene** aus, um beim Verkauf der Kapitallebensversicherungen aus dem Sortiment der »Hamburg-Mannheimer« (HMI) an Überzeugungskraft zu gewinnen. Deshalb: Immer Entlassungspapiere zeigen lassen! Nicht daß Sie am Ende über den falschen her- und auf ihn hereinfallen.

199. Der Drogenkonsument

No problem hat der **Drogenkonsument** mit seinen liebenswerten Schwächen. Er weiß genau, wann Schluß sein müßte, hat aber noch nie einen so großen Haufen Stoff gesehen. Um so leichter könnte es ihm fallen, von einem Tag auf den anderen aufzuhören, aber: Warum sollte er? Einfach nur so, grundlos? Um wem was zu beweisen? Na also – das wäre doch doof. Und spießig! Und wir sind schließlich cool drauf.

Verliebte **Drogenkonsumenten** lassen sich von ihren Freundinnen trotzdem zum Entzug überreden. Ab nächster Woche nimmt er nichts mehr, das verspricht er Ihnen in die Hand, und der Hunderter, den er sich dabei von Ihnen leiht, ist nicht für H, sondern für H-Milch und – äh – Katzenstreu gedacht. Es kann jedem mal passieren, daß ihm das Restgeld auf dem Nachhauseweg unbemerkt aus der Jeans fällt.

200. Der Junkie

Gerade Frauen mit einer Neigung zu den Heil- und Pflegeberufen können noch so manches lernen von diesem Mann, der sich zur Schonung seiner Gesundheit 20 Stunden am Tag flach auf seiner unbezogenen Matratze ausruht. Geduldig bringt er ihr den kunstvollen Umgang mit Nadel und Kanüle bei. Schon bald ist auch sie imstande, selbst unter Druck einen Druck zu machen und sogar in stark frequentierten Gefäßen noch ein weiches Plätzchen für die nächste Injektion zu finden.

Und dann die tollen Verdienstmöglichkeiten, die Ihnen dank seiner Anleitung winken! 5000 Mark pro Woche und mehr – im Nebenverdienst und brutto wie netto! Nein, keine Angst, Sie sollen keine Hausbesuche machen und irgendwelchen Idioten Versicherungen von der HMI aufschwatzen. Es geht um reelle Geschäfte. Der Kunde kommt zu Ihnen und zahlt bar im voraus.

Wenn Sie vernünftig haushalten, können Sie sich in bequemer Rückenlage Rücklagen bilden, in Spitzenjahren bis zu 250 Mark pro Monat abzüglich Miete, aber die sparen Sie sich, wenn Sie mit dem **Junkie** zusammenziehen, in seinen Miele-Pappkarton oder im Sommer auf seine Parkbank. Aufgrund komplizierter biochemischer Vorgänge im Gehirn stört Sie das kein bißchen.

201. Der Kokser

Besonders sozialschädlich durch seine Art der rücksichtslosen Beschaffungskriminalität: Dieser Typ denkt sich die Fernsehreklame aus und bekommt Geld dafür.

202. Der Kiffer

Hat vergessen, was er damit eigentlich beweisen wollte. Wo ist der Zettel? Ach da. Stimmt: »Ich zieh jetzt seit 12 Jahren durch, aber Veränderungen? Nee, echt nich'!«

203. Der Trinker

Bier ist das einzige Brot, das ausgelassen macht. Flüssig ist es auch, daher kommt es immer wieder zu schweren Unfällen, wenn der **Trinker** es in den Toaster kippt. Kein Wunder, daß er eines Tages die Finger vom gefährlichen Bier läßt und auf Doppelkorn umsteigt. Er bemerkt nicht, daß es sich hier ebenfalls um flüssiges Brot handelt, weil Alkohol eben doch nie **ganz** folgenlos bleibt.

204. Die Pappnase / der Trottel / der Blödmann

Billig im Unterhalt, denn außer der allerdings obligaten Haftpflichtversicherung und Essensresten[1] stellt dieser auch als »Schlaftablette« oder »Trübe Tasse« bekannte Typ keine Ansprüche – nicht an Sie und schon gar nicht an

1 Auch wenn er sie mit verschiedenen hungrigen Tieren und Pflanzen unterschiedlicher Größe teilen muß.

sich selbst. Er bietet ein tolles Preis-Leistungs-Verhältnis, wenn man bedenkt, um wieviel teurer ein Hund kommt, der zudem noch nicht einmal allein aufs Klo gehen kann.

Jeden Tag fallen der **Pappnase** ein paar unerwartete, ungemein amüsante Kardinalfehler ein – von der Fehlbedienung der Konservendosen, aus denen sich dieser Mann so gern ernährt, bis hin zu seinen lustigen Schwierigkeiten mit Kalender und Uhr. Man kann herzlich über ihn lachen und gewinnt, sogar als Frau, den Eindruck, gar nicht so hohl zu sein, wie sein Vorgänger einem erfolgreich eingeredet hatte.

Gerade die unfruchtbare Frau mit Kinderwunsch hat ihre helle Freude an diesem durch und durch hilflosen Typ.

205. Der Hiwi

Hilfs**wi**llig ist er ja, aber weit kommt er damit nicht im Erwerbsleben. Wir empfehlen die Umschulung zum **Hausmann**.

206. Der Naturbursche

Seine kulturell hochstehende Beschäftigung als Bergführer, Skilehrer oder Bademeister kann nicht darüber hinwegtäuschen, daß er eigentlich am ganzen Körper noch behaarter sein möchte als er ohnehin schon ist. Dann könnte dieser Frischluftfanatiker ganzjährig nackt draußen herumlaufen und würde nie wieder von Platzangst befallen werden, wie ihm das immer in Räumen unter Turnhallengröße passiert. Aber mit wem sollte er sich paaren, wenn es keine sexhungrigen Kursteilnehmerinnen mehr gäbe, die mit Fremdgeldern Privatstunden finanzieren?

207. Der Zombie

Andernorts überwiegend zu nächtlicher Stunde in Zuckerrohrplantagen anzutreffen, bei uns aber auch in weniger attraktiven Wohngebieten. Automatisch und wie ferngesteuert leben diese willenlos gemachten Opfer des Systems mitten unter uns als seelenlose Roboter im inhumanen Arbeitsprozeß. Wir erkennen die rastlosen Untoten an den ausgebrannten Augen, mit denen sie, frisch aus der Unterschicht kommend, auf Frühschicht gehen. Für den allgemeinen Ausgleich sorgen allein der Schäferhund und die Frau.

Sollten Sie sich unverbindlich über **Zombies** informieren wollen, so sei Ihnen, neben den einschlägen Videokunstwerken, angeraten, sich in der Nähe von Stechuhren oder morgens in der ersten U-Bahn umzuschauen. Amulett nicht vergessen!

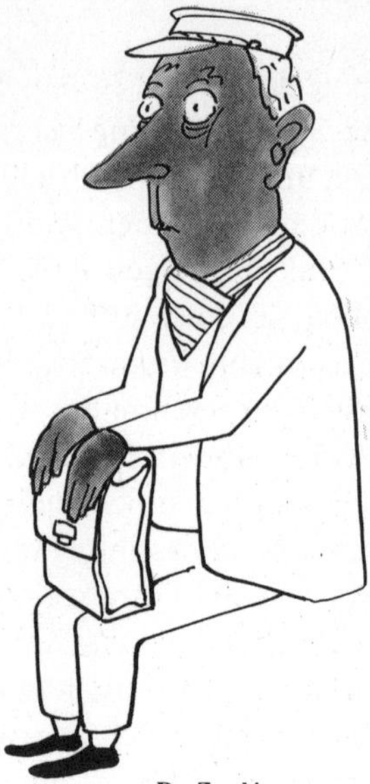

Der Zombie

XXV. MODERNE VERSAGER

208. Der Ewige Student

Er belegt im Hauptstudiengang das Leben, ist daneben aber auch in wertvollen Fächern wie Polito- oder Soziologie eingeschrieben, wegen des billigen Versicherungsschutzes. Seinen universitären Abschluß macht der **Ewige Student** nicht, weil es ihm um den Menschen geht, nicht um irgendwelche Bescheinigungen. Für diese Haltung zeigen seine zahlenden Eltern besonders wenig Verständnis. Sollen sie doch still sein – schließlich haben sie schon alles und wissen sowieso nichts Vernünftiges mit dem Geld anzufangen, um das ja schließlich **sein** Erbe geschmälert wird!

Wozu auch Hektik? Der **Ewige Student** hat seine große Zukunft noch vor sich, und es ist ihm nicht eilig damit, denn er weiß: Die Million liegt auf der Straße, und eines Tages erscheint sie bestimmt im Lichtkegel seines Taxis. Einstweilen liest er in der BWL-Fachbibliothek »Die Geschäftsidee« und leistet sich Taschenbücher wie »Reich in zwei Wochen ohne Geld mit links«. Er ist nicht arbeitsscheu, im Gegenteil. Schon am nächsten Montag würde er an jeder Art von Arbeitsstelle anfangen, wo er wegen seiner Fähigkeiten oder aus Altersgründen hingehört: oben, in leitender Funktion, aber vielleicht auch ganz oben.

Zur Altersvorsorge entwickelt er (neben perfekten Roulettesystemen) immer wieder mal den perfekten Versicherungsbetrug oder das ganz große Ding, und dann ab in die Karibik. Aber leider kauft man ihm keine dieser Ideen ab. Vielleicht trifft er ja die Richtige im Wasch-Center ...

209. Der Intellektuelle

Er hat zum selben Thema zwei Bücher gelesen und gleich darauf zwei weitere dazu geschrieben. An Frauen stört ihn, daß sie sich nicht für seine Bücher interessieren.

210. Der Schlaffi / der Hänger / der Laschi

Oft in seinem Leben steht der **Schlaffi** vor verschlossenen Türen; auch im Edeka-Verbrauchermarkt will man ihm mittwochs nichts verkaufen, weil – niemand hat ihn davor gewarnt –: Feiertag. Und doch muß dieser zu jeder Vorratshaltung unfähige Mann keineswegs einen Tag lang dem Knurren seines Magens lauschen: Glücklicherweise liegt Deutschland unter einem dichten Netz von Tankstellen – diesem zweitschönsten Netz nach dem sozialen. Da gibt es alles, was sein Bauch begehrt: Bier und Kekse[1]

Der **Schlaffi** weigert sich, in blinden Aktionismus zu verfallen. Er ist doch nicht uncool. Oft legt man ihm diese seine frühe Reife als Antriebsarmut und Mangel an Begeisterungsfähigkeit aus. Dabei begeistert er sich doch durchaus und sogar glühend für Pläne, obwohl er keine Uhr besitzt. Dafür aber einen Kühlschrank, seine eigentliche Lebensmitte.

Am liebsten würde er wie Buddha unter einem Baum sitzen und nichts tun. Aber sein alter Sessel ist bequemer, und die Katze, die ihn zerfetzt, will nicht ausschließlich mit seinem Bezugsstoff gefüttert werden. Und wenn er schon mal im Supermarkt ist: Auch der Mensch muß etwas essen, um das Übergewicht zu halten.

Aus Gründen des Umweltschutzes entscheidet sich dieser fanatische Verehrer jeder Art von Klettverschluß für Fast-Food nur dann, wenn man es direkt aus der Verpackung konsumieren kann. Auf diese Weise wird kein Wasser verschwendet oder mit Spülmittel belastet, um Geschirr zu säubern. Überhaupt erledigt der **Schlaffi** Aufgaben aus den Bereichen Entsorgung und Reinigung mit Bedacht – erst dann, wenn es sich **wirklich** lohnt.

Seine Bekleidung wählt er mit ungeschlagener Kennerschaft aus: Er kann aus einem Haufen alter Schmutzwäsche die Stücke heraussortieren, die er am ehesten noch ein paar Wochen anziehen kann. Hier beweist sich die Überlegenheit seiner besonders trainierten Nase, die auch durch extreme Belastung – er trägt nur Turnschuhe und besitzt genau ein Paar – nicht abgestumpft ist. Außerdem kennt er sämtliche Farben, die man bei allen Temperaturen mit allen anderen Farben zusammen waschen kann.

1 Und selbstverständlich auch den »Hustler«.

211. Der Traveller

Überall in der Welt droht das gewachsene Brauchtum der Eingeborenen auszusterben, weil sich die Wilden an amerikanischen Fernsehserien orientieren. Als Gedächtnisstütze tritt der **Traveller** auf den Plan und spielt der Urbevölkerung ihre Folklore vor. Ein bißchen neidisch sind die Neger schon, wenn sie sehen, daß da einer aus Braunschweig Regenzauber und Voodoo authentischer zelebriert, als sie selbst es könnten.

Nur das landestypische glückliche Lächeln bekommt er noch nicht recht hin. Also quartiert er sich bei einer Gastfamilie in den Slums der äthiopischen Überflußgesellschaft ein und hofft zu erfahren, wie man beim Fasten so unheimlich gut drauf kommt. Er lernt eben alles gern aus erster Hand. Die äthiopischen Hungerkünstler lernen bei dieser Gelegenheit auch – nämlich daß man besser nicht gleich jeder Urlaubsbekanntschaft seine Adresse gibt, auch wenn man auf Bali letztes Jahr so unheimlich gut drauf war – trotz Vollpension.

Natürlich kennt der weitgereiste Rucksackbesitzer viele interessante Abenteuergeschichten, die jeder andere mit Übertreibungen anreichern würde. Das hat **er** nicht nötig! Natürlich erzählt er nicht die ungeschminkte Wahrheit. Er untertreibt, damit man ihm überhaupt etwas glaubt.

Manche behaupten, der **Traveller** sei ständig auf der Flucht vor sich selbst. Dabei ist er doch nur deswegen seit sechs Monaten unterwegs, weil er erst dann jeden ausstechen kann, der nur lächerliche fünf oder noch weniger Monate unterwegs, also ein bißchen spießig ist. So trottet der Globetrottel um den Globus, bis ihm die Deutsche Botschaft mit Geld fürs Ticket heim ins Reich aushelfen muß.

212. Der Aussteiger

Ist es wahr, daß man einen ziemlichen Dachschaden haben muß, wenn man von der Idee besessen ist, ganz nach oben zu kommen? Für diese Hypothese spricht, daß es Männer auf den obersten Rängen unserer Gesellschaft gibt, die, kaum daß sie vernünftig verdienen und davon angenehm leben könnten, gleich alles wieder hinschmeißen.

Aussteiger brechen alle Brücken vor sich ab und ziehen nach Kreta, in die Toscana, in die kanadische Wildnis, in den Taunus[1] oder noch weiter weg.

1 Das ist die Weltgegend, die den berühmten Henry Ford zur Erfindung des gleichnamigen »17 M« inspiriert hat.

Nach ein paar Jahren finden sie sich dort selbst und kehren davon angewidert zurück in die Zivilisation. Inzwischen ist das Geld alle. Und in der alten Stellung hat der **Aussteiger** auch keine Chance mehr. Er schreibt nun ein Buch übers Aussteigen und wird von jedem seiner alten Freunde genau einmal zu einer Party eingeladen, als Gag.

Der Aussteiger

XXVI. UNGESUNDE

Alle Männer wollen bedauert sein, diese hier ganz besonders. Den Anfang machen sie selbst . . .

213. Der Patient

Es könnte morgen aus mit ihm sein, ist es aber leider nicht. Daher kommandiert der **Patient** weiterhin und wimmert, er gibt sich hilflos und redet seiner Frau ein, sie komme nicht in den Himmel, wenn er vor ihr in den Himmel käme und dort Stimmung gegen sie machen könnte. Und was tut sie: Sie tut seine Grippe als Grippe ab.

214. Der Eingebildete Kranke

Dieser Mann bildet sich was auf seine Krankheit ein. Und das kann er auch, hat er sie doch selbst durch ihre kontinuierliche Einbildung erzeugt und damit die Krankheit als Weg beschritten, wie Thorwald Dethlefsen es immer empfiehlt.

Der eingebildete Kranke

215. Der Fettwanst / der Häßliche

Fettwänste und **Häßliche** besitzen nicht die krankhafte Oberflächlichkeit der anderen Männer. Sie können nur unterstreichen, was Frauen schon seit Generationen sagen: Es kommt auf die Persönlichkeit an! Und **nur** auf sie. An Äußerlichkeiten lassen sie gerade noch gelten: die schöne Stimme, die schönen Hände, die weiche Haut, die ausdrucksvollen Augen, das Kraftfahrzeug. Wirklich hübsche Frauen sollten das auch so sehen ...

216. Der Impotente

Besonders intensive Gespräche und Massagen verspricht dieses Exemplar, wenn es nicht gerade damit befaßt ist, sich an den Frauen für die Demütigungen zu rächen, die sie ihm angetan haben. Im übrigen: Das kann jedem mal passieren. Außerdem: »Ich verstehe gar nicht, daß ich heute so totmüde bin.« Und: »Ich habe ziemlich viel getrunken.« Und: »Nachmittags macht es mir sowieso viel mehr Spaß.« Und: »Ich muß morgen wahnsinnig früh raus.« Und: »Mein Kopf, mein Kopf! Hast du meine ›Migrexa‹ irgendwo gesehen?« Aber: »Du bist mir doch nicht böse!?«

217. Der Glatzkopf

Sein besonderes Kennzeichen stört ihn überhaupt nicht, denn viele Frauen macht die Fleischkappe wild. Außerdem fallen ihm die Haare gar nicht aus. Er hatte schon immer dünne Haare. Was an Männlichkeit in ihm steckt, hat er schon mancher gnadenlos bewiesen. Das Toupet trägt er zum Schutz gegen kosmische Strahlung.

218. Der Spinner

Sein Lieblings-Sport: 2000 m-Hürden-Amoklauf – egal, wie hoch die Latten liegen.

XXVII. FREMDE

Die Allgemeinheit steht den Männern, die nicht von hier sind, mit gemischten Gefühlen gegenüber – einer Mischung aus Ablehnung und Zurückweisung; allerdings in vornehmeren Kreisen aus einer dort besonders tief empfundenen Humanität heraus nur in Momenten, wenn keine **Fremden** anwesend sind. Außerdem entschuldigt man sich für sie betreffende Witze, bevor man sie aufsagt.

219. Der Ausländische Mitbürger

Kann man es ihnen verdenken, daß sie zu uns kommen und von der führenden Kulturnation der Welt lernen wollen? Nein, denn man weiß ja aus dem Fernsehen, wie es bei denen zu Hause aussieht.

Aber feiern können sie: »Griechischer Wein, ist wie das Blut der Erde – komm schenkt dir ein ... « – und gleich noch ein' ... – »das war der letzte Sirtaki« – was denn, jetzt nur noch Kasatschok? Gleich hier in Mendocino? Spitzenstimmung!

In der BRD bewährt sich der **Ausländische Mitbürger** bei der schwierigen Aufgabe, manch eigensinnige Tochter ihren durch und durch deutschen Eltern wieder näher zu bringen – weil sie nach einiger Zeit wieder daheim auftaucht und sagt: »Und ihr habt euch doch geirrt! Es war **noch** schlimmer!«

220. Der Gastarbeiter

Der **Gastarbeiter**, den Sie kennengelernt haben, ist selbstverständlich eine Ausnahme. In **seinen** Augen sind die Regeln des Islam oder des sizilianischen Christengottes nur symbolisch gemeint. Er ist unheimlich tolerant und partnerschaftlich eingestellt, also keineswegs der chauvinistische **Pascha**, Typ 14, als den ihn radikale Emanzenkreisinnen immer hinstellen.

Typisch deutsche Ausländerfeindlichkeit: Der Spießbürger glaubt, der **Gastarbeiter** halte seine Frau als gebärende Sklavin in seiner Wohnung unter Verschluß. Dem ist nicht so. Sie wird zu Hause **gebraucht**, damit die deutschen Vorurteile von der stark verschmutzten Wohnung nicht stimmen, obwohl neun Kinder ziemlich viel Schmutz machen.

Außerdem ist der **Gastarbeiter** nur ein Gastnehmer, der froh ist, wenn er nach einem erfüllten Erwerbsleben mit vollgepacktem Gebrauchtwagen aus dem Land seiner Gastgeber wieder zurück in die Heimat darf, oder – je nach der politischen Entwicklung – muß. Seine in der BRD oder West-Berlin aufgewachsenen Kinder zeigen da weniger Einsicht, aber das müssen diese Familien unter sich ausmachen.

221. Das Ausländerkind

Leider dürfen wir hier keine Witzchen über diese Sorte Mann reißen, weil die fortschrittliche Leserschaft auf sowas besonders algerisch reagiert.

222. Der Besatzer

Dafür können wir unser Mütchen nun an diesem Männertyp kühlen. Die Angehörigen der Alliierten Schutzmächte verdienen unseren Dank als Friedenssicherer und Hauptgewinner im fairen Wettstreit der Systeme. Andererseits sind sie doch Soldaten, und wer meldet sich schon freiwillig zu einem solchen Beruf?

Dennoch ist es gerade der farbige GI, der sich dankenswerterweise selbstlos der Frauen annimmt, die aufgrund körperlicher oder geistiger Merkmale nicht die völlig freie Wahl unter den einheimischen Männern gehabt haben. Man wird ihn vermissen.

223. Der Tourist

Schon die ganz kurze Liason mit einem Touristen bildet enorm: Endlich kommen auch Sie mal ins von Ihren Steuergeldern unterhaltene Museum Ihres Heimatortes. Außerdem eignet sich der **Tourist** für die flüchtige Affäre ohne Perspektive und Gummi, auch weil der Reisende so spendabel ist, während er sich in die Besonderheiten des Landes einführen läßt. Doch sei hier ein gewichtiges Wort zur erkennungsdienstlichen Behandlung gesagt: Lassen Sie sich sämtliche Reisedokumente und Sichtvermerke zeigen, damit nachher nicht unsere Solidargemeinschaft für die irrtümlich entstandenen Früchte der Völkerverständigung[1] aufkommen muß.

---

1 Das gilt selbstverständlich schon bei Paarungen über die Grenzen von Bundesländern hinweg.

Oft trifft die Frau den **Touristen**, während mindestens sie im Urlaub ist. Natürlich sind Sie kein Hotel, weshalb Sie ihm gegenüber grundsätzlich eine Tarnadresse angeben, damit er sich auch in den nächsten Jahrzehnten nicht bei Ihnen einquartieren kann. Außerdem muß Ihr ortsansässiger Mann ja von Ihren multikulturellen Interessen nichts erfahren. Er ist in dieser Hinsicht weniger weltoffen, als er sich gibt.

Auf künftigen **Ihren** Reisen ab einem Radius von fünf Kilometern wollen Sie nicht unhöflich sein und nehmen daher die Gastfreundschaft des ehemaligen **Touristen** zögernd, aber dafür dann auch ausdauernd, in Anspruch – gerade natürlich dort, wo diese sprichwörtlich ist und daher eine umfangreiche Tourismusindustrie die Strände zubetoniert hat. Ihr Gastgeber kennt aber noch ein paar lauschige Einheimischen-Restaurants erster Güte, wo man nicht ganz so billig wie vor 20 Jahren – daher: **er** zahlt! – landestypische Originalspezialitäten kennenlernen kann, wie sonst nur bei Costa Ecke Meineckestraße.

224. Der Zoni / der Übersiedler / der Ehemalige »DDR«-Bürger

40 Jahre hat man sie um alles betrogen, obwohl manche erst 23 sind. Und jetzt sollen **Sie** allein das alles wiedergutmachen? Der **Zoni** ist mit Vorsicht zu genießen. Testen Sie ihn ein paar Tage auf seine Kosten – die eigentlich sowieso von Ihnen als Steuerzahlerin getragen werden, ohne daß man Sie gefragt hätte.

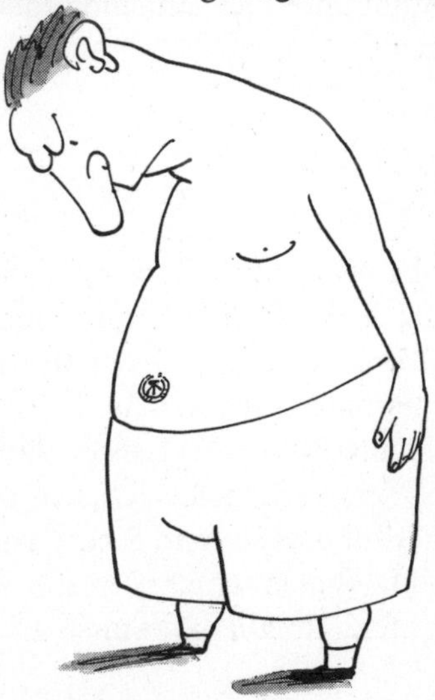

Der ehemalige »DDR«-Bürger

Er soll nicht traurig sein, wenn er beim ersten Anlauf noch nicht mit der neuen Freiheit im Schlafzimmer und überhaupt klarkommt. Er kann nach Ablauf einer Frist von nur vier Monaten einen neuen Antrag bei Ihnen stellen, dem aber dann bitte ein feuerpolizeiliches Führungszeugnis, Kopie der Golf-Papiere und Gutachten über die inzwischen akzentfreie 60%-Beherrschung des Hochdeutschen beizufügen sind. Dies entfällt bei Mitgliedern der Neuen Forums mit Mitgliedsnummer unter 204.

Erlauben Sie sich bitte kein Mitleid. Seien Sie konsequent in der Ablehnung von Stone-Washed-Jeans auch im Untertrikotagenbereich und beim Schonbezug des sportiven West-Fahrzeugs, das den **Zoni** beherrscht. Wie sieht es mit seinem Geschmack aus? Nach so vielen Monaten sollte er es sich in seiner Turnhalle endlich ein bißchen gemütlich gemacht haben. Besonderheit: Der einzige Typ, der sein Aussterben kaum erwarten kann.

225. Der Asylant

Natürlich wollen Sie nur einen **echten** Verfolgten und nicht irgendeinen von diesen Mittelstandstypen, der sich das teure Flugticket samt Wucherhonorar an den kriminellen Menschenschieber leisten konnte, um hier als Wirtschaftsflüchtling einen schnellen Reibach mit Rosen, Teppichimitationen und Sozialhilfegeldern zu machen. Daher geben Sie sich bei Ihrem persönlichen Asylverfahren besondere Mühe, spätestens natürlich, wenn er keine fälschungssicheren Folternarben aus der angeblich so unmenschlichen Heimat vorweisen kann.

226. Der Weltbürger

Überall fühlt sich der Weltbürger zu Haus, obwohl er sich doch eigentlich nur bei Ihnen so fühlen sollte. Sie haben ihn nicht unter Kontrolle, wenn er einsam in der Tripper-Klasse knapp unter der Stratosphäre herumfliegt. Von diesem hoffnungslos überschätzten Typ mit Sprachkenntnissen ist abzuraten: Nimmt er Sie mal mit, unterhält er sich mit den anderen am Tisch auf Kisuaheli. Alles schaut Sie an. Alles brüllt vor Lachen. Aber **er** behauptet frech, man habe nicht über Sie gesprochen.

Dem **Weltbürger** ist der weltwelte Erfolg solcher CIA-Erfindungen wie Walkman und Aids zu verdanken.

XXVIII. DAS ETWAS ANDERE UFER

So manche Frau hat sich schon die Augen ausgeheult, weil die nettesten, hübschesten, intelligentesten und gepflegtesten Männer nur Interesse an anderen Männern zeigen. Aber die Damenschaft ist doch selbst schuld! Gäbe es irgendwo Kneipen, wo ein hübscher, netter und intelligenter Mann in einem abgedunkelten Keller ohne viel Fez sein Glied abwechselnd in drei bis vier hübsche, nette und intelligente Frauen pro Stunde hineinschieben könnte, würde es sich mancher noch mal überlegen. Aber die Frau ist halt zu verklemmt, um das **etwas andere Ufer** überflüssig werden zu lassen.

227. Der Bisexuelle

Bei ihren bisherigen Männern konnte die Frau auf höchstens 2,5 Milliarden anderer Personen eifersüchtig sein, das macht bei einer durchschnittlichen Lebenserwartung von 60 sexuell und eifersuchtsmäßig aktiven Jahren 80 Frauen pro Minute. Der **Bisexuelle** aber liebt in einer Welt mit etwa 5 Milliarden möglichen Partnern – und das bei seiner sprichwörtlichen Promiskuität!

228. Der Homo

Auch diese Sorte Mann wird gebraucht: Einmal von anderen **Homos**, aber auch von Frauen, die ihrem Bekanntenkreis noch einen zusätzlichen Farbtupfer gönnen wollen. Einen Neger, einen Juden und einen Prominenten hat man schon. Mindestens.

Auch sonst wird der **Homo** nur benutzt. Anfangs von den älteren mit Geld, später von den jüngeren, wenn er es sich leisten kann. So richtig glücklich zu werden ist in seinem Fall also noch teurer als bei anderen Männern.

XXIX. VERFEINERTE

Diese Männertypen behaupten – etwas vorlaut – sie seien das fehlende Glied zwischen dem Mann und den Menschen, einige von ihnen gehen noch weiter und halten sich sogar für Menschen. Aber die Übertreibung ist nun mal ein charakteristisches Merkmal der Männer allgemein, und am meisten das der **Verfeinerten**.

229. Der Kenner

Der **Kenner** weiß alles und das meiste davon sogar besser. Doch nie wird man dieses vielbändige und trotzdem wandelnde Lexikon beim Protzen erleben. Es neigt zum Understatement und gibt aus Nettigkeit vor, nicht auf allen Gebieten ganz sicher sagen zu können, wo der Unterschied zwischen Stange[1] und Zivilisation zu suchen ist. So ein Flunkerer! Er will Frauen nur die Schwellenangst nehmen. Selbstverständlich ist ein **Kenner** in jeder Hinsicht darüber informiert, womit man sich blamiert und was Eindruck schindet.

Bestes Beispiel: Viele einfache Männer geben dauernd mit ihrer Bescheidenheit an, der **Kenner** aber tarnt sich oft, um nicht unsympathisch zu wirken, als **Angeber**, Typ 41.

Armer Kerl: kennt schon alles, war schon überall. Zum Beweis seiner schmerzlich empfundenen Überlegenheit trägt der **Kenner** eine besonders natürliche Form des Gelangweiltseins vor. Aber bilden Sie sich nicht ein, Sie seien auch schon ein **Kenner**, nur weil Sie eingenickt sind, wenn Sie ihm zuhören mußten.

Wer ausschließlich von **besonderen** Dingen umgeben ist, verbringt einen großen Teil seines Lebens mit Banausen, denen er alle möglichen Fragen weitausholend beantworten muß, vor allem die ungestellten. Nur ein anderer **Kenner** nämlich würde auf Anhieb erkennen, daß er hier etwas Einmaliges und Echtes vor sich hat. Er unterscheidet Original und geschickteste Fälschung schon vom Feeling her, weil ein **Kenner** eine Nase hat. Und die im Gesicht natürlich auch noch.

1 im Sinne von Stangenware

230. Der Kultivierte Sammler

Ja, er haßt das Sammeln und würde sofort damit aufhören, wäre nicht er der einzige, der mit den einzigartigen Sachen angemessen umgehen kann – auch im Blick auf die Verantwortung kommenden Generationen gegenüber. Und es wäre doch wirklich schade, wenn man die Schinken von v. Gogh wegschmeißen würde, nur weil sie alt und zu bunt sind. Also her damit, obwohl der **Kultivierte Sammler** längst nicht mehr weiß, wohin mit dem ganzen Krempel.

Der Kauf ist ja auch als Wertanlage zu verstehen. Die unbezahlten Sammlerstücke werden immer unbezahlbarer, bei **der** Wertsteigerung fallen die anfallenden Zinsen als Trinkgeld ab. Außerdem ist da noch dieser Alptraum aller **Kultivierten Sammler**: Erst sagt man nein, danke, brauch ich nicht, weil zu teuer oder alles voll. Doch dann, im Laufe von vier Monaten, versiebzehnfacht sich der Wert der Nicht-Erwerbung. Das kann man nur vermeiden, wenn man **alles** kauft.

Die Dinge aus der besonders guten alten Zeit waren in Form und Verarbeitung, verglichen mit heutigem Plunder, zwar viel überzeugender, weil mit Liebe angefertigt. Aber trotzdem: Zahlungsmittel aus der Bronzezeit können einen an der Kasse des Supermarktes in Verlegenheit bringen. Hier ist der Kreditkarten-**Sammler** eindeutig im Vorteil. Bedenken Sie auch, daß Ihr Adressat eine saftige Nachgebühr wird entrichten müssen, wenn Sie Ihre Garfield-Weihnachtskärtchen mit entwerteten Postwertzeichen aus der Vorkriegszeit oder den blaustichigen Marken aus Mauritius freimachen, die Ihr Mann überall rumliegen läßt.

231. Der Experte

Wer interessiert sich für das Geschlechtsleben der Nordseealgen, die Frühgeschichte des pakistanischen Eisenbahnnetzes oder des Wendersschen Filmverschwendens? Niemand. Nur der **Experte** ist auf allen Fachgebieten anzutreffen, auf die ein gesunder Mensch unter keinen Umständen seinen Fuß setzen würde. Deshalb geraten ihm seine liebenswerten Versuche tragisch, andere für sein Fach zu begeistern.

Etwas leichtfertig geht er davon aus, daß er von seinen beeindruckenden Algenkenntnissen Rückschlüsse auf seine allgemeine Lebenstüchtigkeit ziehen und ziehen lassen kann. Doch spätestens im Schlafzimmer erfährt die Frau, daß Algen, so glitschig, intelligent und lecker sie auch sein mögen, eben doch nur das halbe Leben sind. Andererseits: Algenkenntnisse! – man weiß nie, wozu das einmal gut sein könnte.

Besser als Deutsch spricht dieser Mann mehrere Fachsprachen, und jeder Normalsterbliche versteht nichts, begabtere Naturen aber immerhin Bahnhof. In diesen Zungen faßt der **Experte** seine letztinstanzlichen **Experten**gutachten[1] ab. Bei der Rechnungslegung hierfür rächt er sich an der abweisenden Welt der Ignoranten, die ihn aus Neid **Fachidiot** nennen.

232. Der Bildungsbürger

Hinter dem Rücken dieses gestrengen Alleswissers ragt hoch zur Decke das unsterbliche Gedächtnis der Menschheit – eine prima Kulisse für Portraitfotos und vergleichsweise preiswert für Mitglieder des Bertelsmann-Leserings.

Bei jeder Gelegenheit funkelt der prächtige Zitatenschatz[2] des vor seinen Schwarten aufgebauten **Bildungsbürgers** – das sind all die hochgescheiten Sprüche, auf die er auch gekommen wäre, hätte er sie nicht vorher schon gelesen. Besonders geistreich wirkt er an den Tagen, an denen er die Quelle seiner spritzigen Aperçus und Aphorismen zu erwähnen vergißt – sicherlich unabsichtlich.

Nicht jedem liegt die Überlegenheit dieses treuen Lesers der angesehensten Wochenzeitungen[3]. Ganz besonders die 11 b leidet unter der Schulmeisterei dieses Mannes, der keinen ehrenwerten Beruf erlernen durfte und sich daher als Schulmeister sein karges Pausenbrot verdienen muß. Toll, wie er trotz der von ihm an der Tafel vorgerechneten 76-Stunden-Woche ohne echte Ferien noch Zeit findet, alle die klassischen und aktuellen Informationen auswendig zu lernen, die man zum Schwadronieren braucht. Was hätte er sonst werden sollen? Augstein?

Der **Bildungsbürger** ist oft nicht nur biblio-, sondern auch francophil – aber Franco aus Firenze ist ja auch ein echt dufter Typ und sehr gut beieinander.

---

1 Noch eine **Experten**frage zum Abschluß: Ist die Expertise die Frau des **Experten** oder ein weiblicher **Experte**? Beides falsch, denn auch die Markise ist nicht von Adel.

2 Nur ein Beispiel: »Quod licet bovis, non licet Boris.«

3 »Die Zeit«, »Auto Bild«, »Der Kicker«

233. Der Fan

Der **Fan** kennt alle fünf Versionen des Lebenslaufes von Phil Collins, also runde zwei mehr als Phil selbst. Er könnte mit seinem Fachwissen mehrfach Champion bei »Der große Preis« werden oder seinem Idol auf die Sprünge helfen, sollte es bei der Abfassung seiner packenden »Erinnerungen« – wer mit wem, und wenn nein: warum nicht? – mal drogenbedingte Lücken haben.

Der **Fan** wird leider häufig kulturell weit unter dem Bildungsbürger angesiedelt[1]. Ungerecht! Eigentlich ist es doch egal, **was** man weiß, Hauptsache **daß** man es weiß, und zwar am liebsten mit allen Kommastellen.

234. Der Genießer

Es muß nicht immer das Allerbeste sein, der wahre **Genießer** versteht, alles zu genießen, auch Hamburger und billige Flittchen, Hauptsache, er zahlt nicht selbst.

Aber er ist nicht einseitig auf gieriges Hineinstopfen festgelegt. Seinen eigenen Gästen führt er vor, wie man mit ausgeklügelter Genußtechnik auch von Mengen unter einem Gramm zu viert etwas haben kann, wenn man bewußt genießt und sich den Braten raffiniert einteilt. Er läßt sich Zeit und liest Fachbücher über die Techniken des Wiederkäuens.

Der Genießer

1 **Bildungsbürger** wissen selbstverständlich, daß Hans Magnus Enzensberger das nicht tut. Er sieht im **Fan** nur die modernste Variante des guten, alten **Bildungsbürgers.**

235. Der Frauenkenner

Daß man als **Kenner**, Typ 229, und **Genießer**, Typ 234, durchaus nicht immer auf internationaler Spitzenqualität bestehen muß, um glücklich zu sein, beweist besonders exemplarisch der **Frauenkenner**. Wenn seine Mittel nicht zur Unterhaltung eines rassigen Fotomodells mit 1a-Optik und -Technik im Bett reichen, wird er glücklich mit jeder Ersatzfrau, die ihn kostengünstig vergöttert.

Was heißt da Minderqualität!? Beim Hochgenuß sollte man sowieso die Augen schließen[1], und im Prinzip haben seine Selbstversuche ergeben, daß sie sowieso alle gleich sind – gerade untenrum.

Auch wenn der Volksmund ihm unterstellt, er genieße und schweige, so klärt der **Frauenkenner** die vollschlanke Mitbürgerin doch gern wortreich darüber auf, wie gut sie eigentlich im Vergleich zu ihren Vorgängerinnen dastehe, die – fälschlicherweise – umschwärmter waren.

236. Der Dandy

Die Ansprüche bleiben turmhoch, auch wenn seiner Frau die Mittel längst knapp geworden sind. Nie unter Niveau, immer mit Stil, und bitte keine Halbheiten! »Wenn schon, denn schon!«, sagt sich dieser kompromißlose Mann und ernährt sich nach der Gutbuchung vom Sozialamt drei Tage lang ausschließlich von Sekt und Austern. Dann ist er pleite und ihm schlecht. Nun hungert er stolz bis zum nächsten Ersten stolz und beweist, daß Linie und Genuß einander nicht ausschließen müssen.

Wenn er Geld ausgibt, so doch nie, ohne sich anschließend aufs qualifizierteste zu beschweren. Seine Art von Trinkgeld ist die wohlmeinende Belehrung, und man will ja nicht kleinlich sein, zumal gerade Vorgesetzte und **Geschäftsführer**, Typ 56, sonst so selten etwas im Leben geschenkt bekommen. Sagten sie doch immer ...

Der Geldwurf aus dem Fenster ist dem **Dandy** ein natürliches Anliegen, und wenn das Geld alle ist, wirft er sich an dessen Stelle raus und sein Leben dabei weg.

---

1 Dieser Trick erspart dem **Frauenkenner** die Handtuch-drüber-Methode.

237. Der Hi-Fi-Fanatiker

Für das Ohr des Durchschnittsmenschen unhörbare Unterschiede hört dieser Mann heraus, da ist er sicher. Schließlich hat er das viele Geld für seine High-End-Hi-Fi-Gerätschaften mit den ungeschlagenen Meßwerten nicht umsonst ausgegeben. Mögen die Besitzer von Normalohren und Billigtürmen auch spotten, es steht jedenfalls fest, daß am Frequenzgang **seiner** Anlage (4 – 39.000 Hz, Klirrfaktor deutlich unter 0,003 %) auch alle die Freude haben würden, deren Musik bis weit in den Infra- oder Ultraschallbereich reicht. Wenn er sich eine noch bessere Anlage anschafft, verkauft der **Hi-Fi-Fanatiker** die alte also ohne viel Verlust an Fledermäuse, Wale oder Außerirdische.

238. Der Feinschmecker

Der **Feinschmecker** wundert sich immer wieder, was Barbaren so alles runterwürgen können. **Er** läßt seine Cola zurückgehen, weil sie eindeutig Kork hat. Sie schmecken nichts davon? Kein Wunder, die Frau ist ja auch eher grobgaumig angelegt. Und daß dieses Restaurant nichts taugt, war sowieso klar – er hat es nicht vorgeschlagen. Außer letzte Woche. Aber da war die Cuisine noch haute.

Eher angewidert, und weil Hungerstreiks auch der RAF nichts gebracht haben, mümmelt, schlürft, kommentiert, schmatzt und gurgelt er den Unter-aller-Kanone-Fraß in sich hinein. Sie nicht – Ihnen ist der Appetit vergangen, als Sie dem **Feinschmecker** beim versierten Verkosten zuhören und -sehen mußten. Macht nichts, Sie wären sowieso nicht satt geworden in diesem Puff[1] mit den Mikroportionen und sollten künftig immer vernünftig voressen, bevor Sie als Begleitung eines **Feinschmeckers** degustieren gehen müssen.

Als Frau sollte Sie nicht nur interessieren, ob der **Feinschmecker** mit seinem ständig vollen Magen noch ausreichende Leistungen als Liebhaber erbringt. Verfügt er auch über genügend Geldmittel, um Sie täglich zum Essen einzuladen? Denn kochen wollen Sie ja wohl nicht für diesen gefräßigen Querulanten!?

---

1 im »stern« als »Freßtempel« bezeichnet

239. Der Weinkenner

Gebannt verfolgen wir in »Wetten, daß ...?« den **Weinkenner**: »Ich wette, daß ich unter 24 Gläsern mit französischen Spitzen-Weißweinen beliebiger Lagen und Gestüte der Jahrgänge 1857 bis 1982 das einzige Glas Rotwein erkennen kann – allein an der Farbe.« Unvorstellbar! Wäre ja Wahnsinn! Aber: »Was machen Sie, wenn Sie die Wette verlieren sollten?« Tja. Dann? Also »dann trinke ich alle 25 Gläschen ex.«

240. Der Hobbykoch

Immer wieder mal führt er erlauchten Gästen vor, zu was nur ein Mann die edelsten Zutaten des Nachbarlandes Frankreich veredeln kann. Danach ist der **Hobbykoch** vom Kreativsein sehr erschöpft und seine überkomplette Paul-Bocuse-Hotelküchen-Ausrüstung so restlos eingesaut, daß sein Schatzi tagelang mit den Aufräumungsarbeiten zu tun hat. Aber Dienen ist halt die Bestimmung der Frau, und sie durfte schließlich mitessen. Außerdem ist es doch eigene Schuld, wenn sie aus fünfmal Happi-Happi[8] à la chef bei ihm und Kerzenschein schlußfolgerte, auch nach dem ersten Mal ... ginge das so weiter mit dem Vorne-und-hinten-bedient-werden, und zwar nicht nur in der einen, von ihm weiterhin freiwillig geleisteten Hinsicht.

Größter Vorteil des **Hobby-Kochs**: Man ist nie um ein Geschenk verlegen, weil jedes Jahr neue und noch witzigere Schürzen für diesen Personenkreis entwickelt werden.

241. Der Ästhet

Dieser besonders eigensinnige Mann hat die Frotteematten im Bad nicht geschenkt bekommen, sondern selbst ausgesucht und neigt nicht – wie praktisch alle anderen Männer – zu Langzeitversuchen in Sachen Unterwäsche. Er ist sauber, durch und durch. Besucher weist er sicherheitshalber und sensibel in die für sie vielleicht schockierend neue Welt der Hygiene ein: Sie finden im Badezimmer ein Handtuch mit der Aufschrift »Sie« oder »Gäste«.

8 Ausgesprochen selbstverständlich: »appi appi«, Betonung auf der letzten Silbe

Manche halten den **Ästheten** für egoistisch, weil dieser in der Pflege seiner Fußnägel ungeschlagene Mann sogar seine Bakterien für sich behalten will, um sie dann persönlich zu töten.

In seinem Lieblingsraum, dem Badezimmer, finden sich viele Dinge, die eigentlich nur Frauen besitzen. Der **Ästhet** mag es aber gar nicht gern, wenn man ihm mangelnde Männlichkeit unterstellt. An seinem affektierten Getue **muß** nichts Schlimmes sein ... – der Verdacht der Schwulität ist oft falsch.

Überhaupt: die schöne Wohnung! Überall stehen Blumen, deren Namen und Bedeutung er kennt. Bestimmte Bücher werden sichtbar im Vitrinenschrank ausgestellt, auch als unaufdringliche Leseempfehlung für Leute, denen bisher der Zugang zur Welt der Klassiker und Prachtbände ab DM 98 verschlossen war. Ja, der **Ästhet** hat überall einen guten Geschmack. Letzter Beweis: **Alle** seine Körperteile schmecken gut oder wenigstens neutral.

Zur gepflegten Erscheinung wird dieser Mann dank seines reichen Vorrates an Kosmetika. Er benutzt Feuchtigkeitscreme, Parfüm und einen Abdeckstift, mit dem bis zu 40 % der Hautoberfläche behandelt wird. Immer ist er aus dem Ei gepellt, und doch sehen Sie nie Schalen herumliegen.

Frauen sind es gewohnt, Männern in freiwilligen Aufbauschichten als Putzfrau dienen zu müssen. Nur der **Ästhet** läßt das nicht zu, weil er an seinen Haushalt grundsätzlich keine Schlampe heranläßt, erst recht keine dreckige. Nein, nein – absolutes Berührungsverbot und kategorisch nein, auch wenn Ihr letzter Mann Sie tausendmal wegen ihres zwanghaften Sauberkeitsfimmels verhöhnt haben mag.

Nicht nur von Schmutz und Putzstreifen fühlt sich ein **Ästhet** leicht gestört – und er hat das Recht dazu: Wer empfindsam ist, darf auch empfindlich sein. Es darf auch nicht zu laut werden. Solche Menschen wollen keine Kinder, außer wenn sie artgerecht ausgestopft sind. Sie ziehen die Hauskatze vor, auch weil sie sich von der Rasse her leichter auf die Tapete abstimmen läßt.

Im Bett bevorzugt dieser ausgesprochen mensesfeindliche Typ Damen, die sich im Acht-Minuten-Takt duschen und die Zähne putzen. Da sich dies vor der geschlechtlichen Vereinigung unter der Aufsicht des **Ästheten** bewerkstelligen läßt, nicht aber während der stundenlangen Schlafperiode danach, schickt er seinen Damenbesuch heim, bevor er müde wird.

242. Der Trendsetter

Der **Trendsetter** weiß, besitzt, liebt und verbraucht Dinge, von denen **noch** niemand etwas gehört hat. Teilweise, weil es sie gar nicht gibt, teilweise, weil sie erst demnächst ganz groß rauskommen, und teilweise, weil sich dieser Avantgardist aus Überzeugung auf alles stürzt, was niemand wirklich braucht. Kaum werden seine Supernovitäten im »stern« erwähnt, findet er sie unbrauchbar – »schon immer«.

243. Der Insider

Seine Geheimtips sind mit Gold nicht aufzuwiegen – aus verschiedenen Gründen: einmal, weil sie sich nicht in Gramm ausdrücken lassen; vor allem aber, weil der Goldpreis im Keller ist.

Muß ja auch nicht sein, denn gelegentlich befindet sich der **Insider** in Gönnerlaune und gibt auch dem Normalsterblichen einen totsicheren Tip, der leider nicht immer befolgt wird – vor allem nicht von dem Pferd, das ganz sicher gewinnen sollte. Das hatte es jedenfalls hoch und heilig versprochen.

Ansonsten weiß dieser Mensch immer, was gerade läuft und wer die Fäden zieht – nämlich Leute, »die dir unheimlich nützen können«, nachdem er sie Ihnen vorgestellt hat, irgendwann mal, weil sie im Moment keine Zeit haben – um sich **genau** an ihn zu erinnern.

244. Die VIP / der Prominente

Endlich mal werden Ihre Bekannten nicht doof fragen: »Häh? Wer?«, wenn Sie seinen Namen zum ersten Mal erwähnen. Ein Mann aber, von dem Sie nur erwähnen können, welche Namen er erwähnt hat, zählt höchstens als **Insider** zweiter Klasse am Band.

245. Der Stammgast

Da sind Sie aber mal gespannt, was gebracht wird, nachdem Ihre neue Bekanntschaft in diesem teuren In-Gastronomiebetrieb dem Ansprechpartner entgegengerufen hat: »Zweimal das übliche, Jean-Jaques!«

XXX. BEGNADETE

Eigentlich sind natürlich alle Männer begnadet – allein schon, weil sie Männer sind. Und dennoch gibt es welche, die fühlen sich über das normal kranke Maß hinaus **besonders** ausgewählt, ja nachgerade berufen.

Leicht zu erkennen sind diese **Begnadeten** daran, daß sie jeden Satz mit dem Wort »ich« beginnen, welches auch im Rest der Äußerung häufiger als z.B. die Artikel »der, die, das« vorkommt. »Ich bin, ich möchte, ich denke, ich finde, ich meine, ich weiß, ich werde, ich werde, ich werde« – wann und was ist doch schnurz, denn **alles** aus der Herstellung des **Begnadeten** ist wichtiger Teil des Gesamtkunstwerkes – bedeutungsschwer und meist auch schwer zugänglich.

Was auch immer er tut oder bleiben läßt, ordnet sich der ganz großen Aufgabe unter, es – wie überhaupt alles – ist richtig, wichtig, richtig wichtig und damit »notwendig«. Für Reue ist im Leben eines **Begnadeten** kein Platz. Er verlangt, daß man ihn nicht versteht, Qualen erduldet und trotzdem dankbar ist.

246. Das Genie

»Nie sollst du mich befragen!«, antwortet das **Genie** seit Lohengrin, wenn der einfache Mensch es mit Fragen behelligt, die ja schon von Natur aus dumm sein **müssen**. Jede feinsinnige Erklärung wäre heute Verschwendung, da doch erst die Nachwelt das **Genie wirklich** wird verstehen und dann automatisch auch würdigen können. Und ist es denn nicht genug, daß Sie als »Lebensgefährtin« Nummer ca. sieben später einmal den unehelichen Enkeln dankbar und stolz werden erzählen können: »Ich hab ihm die Drecksarbeit machen dürfen!«?

Ein hoher Schaffensdruck treibt das **Genie** an, und das erzeugt reichlich Leidensdruck, unter dem gelitten wird – vom Publikum vor allem, aber auch vom Meister selbst **vor** Publikum und damit wirksam. Sein erstaunliches Lungenvolumen erlaubt ihm dort Kettenrauchen ohne Gesundheitsschaden und stundenlange Vorträge, die nicht durch lästiges Luftholen oder Fremdbeiträge unterbrochen werden.

Nur scheinbar lebt das **Genie** inmitten einer Abfallhalde. Seine Fans (er selbst also vorneweg!) nennen das »creatives Chaos«[1]. Nichts, absolut gar nichts darf weggeschmissen werden! Wo andere von Müll sprechen, korrigiert das **Genie** zukunftsorientiert: »Man muß auch an den Nachlaß denken« und kommenden Akademikergenerationen noch Material zur Interpretation der eigenen Bedeutung fürs eigene Jahrhundert hinterlassen.

Das Genie

247. Der Künstler

Ein **Künstler** haßt **Künstler**, sofern sie noch leben, er haßt die Kritik, seine Kundschaft, die Scene und die Szene, die Welt, seine Freunde, er haßt Sie, seine Epoche und ihren Zeitgeist. Manchmal haßt er sogar sich selbst: Wenn er sich beim Normal-Sein erwischt oder – und das ist noch schlimmer –, wenn andere dies tun. Damit genau das möglichst nie passiert, verhält er sich vor Zeugen oder Weitwinkelobjektiven grundsätzlich und instinktiv unverständlich. Lieblingsbeschäftigung sonst: Streitanfangen – man ist halt kompromißlos.

[1] natürlich chic mit »c«

Zwischendurch kommt es zu Selbstzweifeln. Kein anderer Mann schließt sich so gern ein und geht tagelang nicht ans Telefon. Trotzdem: Den Verzicht auf Selbstmord oder geregelte Arbeit ist und bleibt der **Künstler** der Geschichte schuldig, leider nicht sein aus tiefster Innerlichkeit und unter unvorstellbaren Wehen geborenes Monumentallebenswerk. Ihnen persönlich bleibt er die 2 400 DM schuldig, die Sie ihm zum Winterbetrieb eines Heizlüfters gepumpt hatten.

248. Das Verkannte Genie

Nur ein paar Millionen Vorschuß bräuchte er, um sich endlich die für den ganz großen Durchbruch nötige Grundausrüstung leisten zu können und damit dann die erschütternden »Projekte« zu »realisieren«, von denen er seit Jahren spricht.

Aber die so begehrten Fernfahrerportionen aus den öffentlichen Fleischtöpfen bekommt nur das echte **Genie**, der Mann also, der eigentlich noch weniger begabt ist als das **Verkannte Genie**, aber skrupellos seine Beziehungen aussnutzt, schleimige Kompromisse (sogar in Richtung Massengeschmack!) eingeht und sich für keinen Reklamerummel zu schade ist.

Die Frau des **Verkannten Genies** muß an ihn glauben – »oder ich bringe dich um!« Sie darf sich nicht davon täuschen lassen, daß das **verkannte Genie** ein **Genie** ohne Werk ist. Regelmäßig muß auch sie spüren, daß der Durchbruch zum Greifen nahe ist, und jetzt solle er doch bitte wieder vom Dach zurück ins Zimmer klettern.

Ja, »eines Tages ...« wird er es allen beweisen. Kaum haben sich seine revolutionären Atom- oder Kunst-Theorien bewahrheitet, übernimmt er die Weltherrschaft und hakt Zeile für Zeile seiner langen schwarzen Liste ab. Da zittert so mancher, der einst noch über den naiven Postkartenmaler mit dem albernen Hitler-Bärtchen lachte.

249. Der Star

Auch aus dem liebenswürdigsten Mann wird ein **Star**, wenn man ihn ausdauernd bejubelt und überbezahlt. Es wäre doch auch wirklich zuviel verlangt, daß jemand weiterhin an der Bedeutung seiner Schlager und Person zweifeln sollte, obwohl er Erfolg hat.

Sein Brötchengeber ist das Publikum, welches der **Star** nach ein paar Gläschen im Kollegenkreis der ebenfalls berühmten (also noch nicht anonymen) Alkoholiker als Millionenschar hirnloser Vollidioten mit zuviel Geld in der Tasche verlacht – ein typischer Fall von Zuletztlachen, denn dieselben, die nun **Fan**-Clubs zu seiner höheren Ehre gründen und so sein wollen wie er, hatten ihn früher immer gehänselt, weil er so klein, doof, häßlich oder auf sonstwie abstoßende Weise auffällig oder unauffällig war. Nun rächt er sich an ihnen, indem er ihnen ihr Geld (= Arbeitszeit) und ihre Freizeit stiehlt.

Der Erfolg zwingt den **Star** zu einem wunderlichen Lebenswandel: Er schafft sexmäßig nur einen Bruchteil der angebotenen Paarungen mit Frauen, von denen er früher nicht zu träumen gewagt hätte. Das macht traurig. Er muß sich einen Bart ankleben und Perücken tragen, wenn er mal bei Woolworth zum WSV mitwühlen will. Er muß Drogen nehmen und Orgien veranstalten, um die Qualität seiner Produkte zu sichern. Er muß Interviews geben, obwohl er nichts zu sagen hat.

Nicht erst seit Live-Aid und verwandten Spektakeln ist ein **Star** auch im Wohltätigkeitsbereich tätig. Leider vergißt er darüber oft die wichtigste ihm mögliche Wohltat – den Rücktritt vor Erreichung des nächsten Lebensjahres.

Für eine Frau ist das Zusammenleben mit einem **Star** im grellen Rampenlicht der Öffentlichkeit schwierig. Andererseits wird sie durch dieses Martyrium selbst automatisch zum Star und bekommt Angebote, sich in hübsch hergerichteter Umgebung auszuziehen, zu singen und zu tanzen. Und nach dem Strohfeuer? Für die Exklusivrechte der Lebensbeichte zahlt der »stern« eine unanständige Entschädigung – auch für nicht erfundene Details.

Vernünftige Frauen bevorzugen trotzdem andere Jugendträume – Prinzessin mit Erbsenzucht, Pferdepflegerin, Tierzahnärztin, Kloster etc.

250. bis 252. Die Subtypen der Star-Familie

In der Spielart des **Lokalmatadoren,** (= 250.) ist der **Star** besonders lästig, weil er im Unterschied zum **Mega-Star (= 251.),** dieser Steigerung des früher verbreiteteren **Super-Stars** (252.), ein Privatleben hat.

XXXI. SONSTIGE

253. Der Abschaum / der Asoziale

Der **Abschaum** stellt mit einem Gesamtanteil von 100 % eine der größten Gruppen innerhalb der Männerwelt.

254. Der Raucher

Kronkorken, Flaschen, Granini-Deckel, Fußböden, Steingut-, Papp- und Handteller – toll, aus welchen einfachen Rohstoffen ein **Raucher** nützliche Aschenbecher herstellen kann! Aber nicht mehr lange, denn demnächst nimmt er sich beim Wort und hört auf. Doch, doch – **nie** wieder wird er rauchen, **die** hier, die in seinem Mund, das ist die letzte; auf sie kann keine mehr folgen, außer der allerletzten – und **die** raucht er nur, weil erstens die anderen sie ihm aufgedrängt haben und ihm zweitens jeglicher Dogmatismus wesensfremd ist.

Viel schlimmer als das Rauchen und der es ausübende **Raucher** ist doch der **Nichtraucher**, Typ 256, – dieser Archetyp des intoleranten Faschisten, dieser Ausbund von Engstirnigkeit, der aus seinem totalitären Anspruch heraus gesundheitliche Milchmädchenrechnungen ohne den Wirt macht. Kriege z.B. verdanken wir doch nur diesen frustrierten, verkniffenen Genußverneinern!

Vorteil des **Rauchers** für die Frau: Sie darf weiterrauchen. Nachteil: Eine Stange Marlboro ist schon teuer genug, wenn man sie nicht nur allein bezahlen muß, sondern auch allein wegqualmen darf.

255. Der Pfeifenraucher

Ihre Freundinnen werden Sie um Ihren ausgeglichenen und urgemütlichen Partner beneiden, aber nicht wissen, warum. Sie auch nicht.

256. Der Nichtraucher

Der rauchenden Frau stellt sich die Frage: Will ich aufgeben? Eigentlich sollte sie. Aber das ist nicht immer einfach, besonders wenn der **Nichtraucher** eigentlich ganz nett ist und es keinen Grund gibt, ihn aufzugeben, sieht man von seinem penetranten Getue um seine Märtyrerrolle als Passiv-Raucher einmal ab, die er durch informative Dia-Vorträge unterstreicht. So interessant sind Amputations-Aufnahmen auch nicht.